練肌力就是練心

I SHAPE MY OWN BODY

姐練的不只是重量，還有強大的自信心！

，線條證明我可以

變強　變美　變快樂

超人氣肌力女神 **Annie** —— 著

28 招肌力訓練 ✕ **30** 招 **3** 分鐘速效運動，打造微肌曲線

成為每天起床照鏡子，
就愛上自己的人吧！

　　從成立「跟著Annie一起來運動」粉絲團已來，我的身分從平凡的護理師、單親媽媽到健身教練，峰迴路轉。一路走來，從沒想過能獲得這麼大的迴響。原先成立粉絲團只是因為長年在國外教課，回台後發現很多人對健身觀念一知半解，希望能有一個跟大家交流的平台，才興起成立粉絲團的念頭。

　　隨著粉絲團人數增加，開始有來自各方的邀約，我變得忙碌起來，今年甚至開設健身中心，並即將出版我的第一本書，這一連串的奇幻旅程可說是透過「運動」才達成的。我曾經對運動一竅不通，在經歷一段逝去的感情、大病一場後，為了擺脫長期的低潮情緒，我決心改變自己，才開啟與運動的緣分。

　　在我最需要幫助時，**運動發揮了正面影響力**，改變我對人生的**態度**，我從中找到自我價值及立足點，從低潮、失落中站起，並相信自己「一定會更好」。正因為我親身體會到運動帶來的正能量，我希望透過自己的力量，幫助更多人。開始教課後，看到學生跟我一樣，透過運動找到生活新方向、身體鍛鍊得更結實、心靈也變得堅強時，我知道自己在做對的事，於是更不想也不能停。

⠿ 運動帶來正能量，學會愛自己

　　我常開玩笑說，自從有了運動，我幾乎再也不逛街、不血拚，因為運動由內而外改變了我，我變得有信心、有勇氣，渾身散發正能量，不再需要透過其他物品來襯托，我徹底成為一個「愛自己」的人。很多人覺得改變很難，或不知該如何做，我誠摯建議，不妨從選擇喜愛的運動開始。一開始一定很難，**但只要循序漸進，就算身體只出現一些小變化，也會有成就感**，這正是持續的動力。

　　籌備這本書時，一路上受到很多人的幫忙，包括願意分享故事給大家的可愛學生們、擔任本書的推薦人們，及出版社等辛苦的幕後工作人員，沒有你們就沒有這本書。也要感謝我的家人們，儘管我因忙碌無法常待在家，你們仍無悔的在背後支持我，我愛你們！

　　最後，Annie想跟大家說，從今天起，請努力愛自己，成為每天起床照鏡子就愛上自己的人吧！只要有心，透過運動，這一切都將變成可能。

Annie

CONTENTS

CONTENTS

PART ③ 任何人都能做，訓練3分鐘就有感！【速效運動篇】

••• 按「生活型態」設計，3分鐘也能做運動！ …… 128
••• 一日燃脂計畫 …… 130

PART ④ 跟著Annie這樣動，變瘦・變美・變快樂！【學員見證篇】

PART ①

從憂鬱到正向，
運動帶給我的正能量

從怨女到正向好命女，
運動改變了我

　　我原本不知道運動具有改寫人生劇本的魔力，我只知道當我煩悶的時候，透過伸展、鍛鍊、流汗等，能回歸最純粹的自我身體對話。當我看著因鍛鍊長出的二頭肌、腹肌、馬甲線時，就像是在告訴我，「Annie，妳可以的，這點困難沒什麼大不了，別放棄，不試怎麼知道不行呢？」就是這個信念，造就今天什麼都不怕，勇於挑戰的我。

　　現在的我，是大家口中正向開朗的Annie老師，很多人以為我天生樂觀，羨慕我的正向積極，但熟識我的人就知道，在成為健身教練前，我曾有過一段不是那麼愉快的過去。我一向不喜歡在學生面前談論負面想法，但聽到學生們說：「老師，我也想跟妳一樣，充滿正能量，有勇氣面對挑戰。」讓我決定聊聊自己的事。

　　如果你常自怨自艾，覺得上天不幫自己，希望你能在我的故事中，找到前進的動力，改變現在的自己。

從小習舞的我，因為成績優異，對自己很有自信，面對鏡頭完全不怕生。

⋮ 從芭蕾少女到姐代母職，變調的童年

　　對我來說，「運動」一直是排解壓力的好朋友。5歲那年我加入舞蹈團，學習芭蕾與民族舞蹈，我很喜歡舞蹈，也被認為很有天分，因此常到處表演、比賽。我喜歡跳舞時盡情展現的身體優雅，因此我理所當然的認為，我可以一直跳下去。

　　直到10歲那年，因為父母離婚，我的人生完全變調，我熟悉的一切都消失了。隨父親搬到台中，家裡沒有多餘的金錢支付我的興趣，原本的舞蹈、芭蕾課都被迫停止。身為長女，我開始姐代母職，照顧年幼的弟妹，原本幸福的童年就在父母離異的那一刻開始，嘎然而止。在當年的社會裡，離婚被視為家醜，沒有人想和我說話，我的自信心在那時全然瓦解。

　　憤怒與不滿在內心滋長，因為無法參加課外活動及補習，我索性加入學校田徑隊，將青春期的抑鬱一股腦發洩在跑步上。如果可以跑得比別人快一點、跳得比別人高一點，會讓我覺得自己沒那麼

糟糕，暗自有著一絲絲開心的感覺。很自然地，因為這些事情，我變得好強好勝，我告訴自己，「我一定要變得更好」。

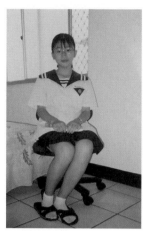

國中畢業後，也許是想逃離現況，我一心想完成到非洲當護士的夢想，我不肯唸父親期望的公立商校，執意進入私立護校，為此我們父女幾乎兩年沒說話。由於護校規定住校，離家反而讓我稍微開朗

沒運動的我因缺乏自信，看起來很沒精神。

些。那時也是我最胖的時期，雖然也可能只比現在多5公斤，但因為沒有勤於運動，肉很鬆，當時不太有自信的我，整個人看起來很沒精神。這也是為什麼我現在常告訴大家，**唯有線條緊實，穿起衣服好看了，發自內心就會有自信**，這是沒人能給你的。

∷ 我想砍掉重練，重新開始

之後為了證明自己，我發憤圖強以同等學歷唸完護理系，考上專業的中華民國護理師執照，畢業後順利在醫院的急診室工作。或許是過往的陰影，我實在不想再接受更多負能量，但急診室的生離死別卻常讓我感到窒息。待不到一年，因為父母離異而渴望家庭溫暖的我，認定初戀就是我的全部，顧不得太多隱隱約約的分歧，不

夠成熟的我懷抱一廂情願的理想，22歲就踏入與想像完全不同的婚姻生活。

婚後我衣食無虞，在外人眼中我是令人稱羨的幸福人妻，生活悠哉，我也努力當個稱職的賢妻，一切以夫為貴的貼心小女人，我凡事逆來順受，也不會跟朋友抱怨，因為這是自己的選擇，更不願離婚，因為我拒絕踏上和父母一樣家庭破碎的路。

其實我始終知道，為了維繫婚姻的假象而失去自我，肯定無法帶來圓滿結局，活在自欺欺人的夢幻泡泡裡也不可能持久。我每天以淚洗面，明明心裡很難受卻一再告訴自己「我很好，一切都很好」，結果事與願違，我只覺得好累，甚至想過油門踩重一點就能一了百了……。

萬念俱灰中，我想到年幼的兒子，我幡然了悟，唯有戳破泡泡，才能重新面對自己。當時的我面對未來依然徬徨無助，但我下定決心再也不要過那樣的生活，不再委屈求全做不想做的事，我想為自己的人生做主，於是結束婚姻後，我終於拿回人生主導權，重新開始。

Annie 這樣說

"健身讓我的人生峰迴路轉，回到生命的正軌。
如果連我都能砍掉重練，你一定也可以，加油！"

大病一場，讓我決定找回「運動的好感覺」

我確定我的人生必須砍掉重練，必須從一個沒有人認識我的地方從頭來過，因此我決定遠走他鄉，重新開始。說不害怕是騙人的，我連如何開始都沒有頭緒，日子卻毫不留情地一天天的過。在異鄉生活雖然可以讓我暫時遠離傷心地，但人生地不熟，積蓄總有用完的一天，每一塊錢都必須花在刀口上。我想再進修，兒子也必須開始上學，我得為自己和孩子打算。

生性好強的我為了不讓別人看出軟弱，將自己武裝起來，由於情緒緊繃，常常一回家後就像洩了氣的皮球一樣，內心既害怕又痛苦。由於負面情緒充滿內心，漸漸地，我再也無法裝作沒事，我變得容易胡思亂想，最後歸咎於：「一定是自己不夠好，所以無法幸福」，以全盤否定自我為解答。

因為心情惡劣，起床的第一件事就是大哭一場，勉強自己送兒子去上學後，接下來幾乎無法正常生活，覺得「離婚」二字就像標

在國外生活時，與兒子合照是我最開心的時候。

籤一樣，牢牢黏在身上，彷彿在嘲笑我的失敗，那段時間可說是我人生最淒慘的日子，當時的我已深陷憂鬱，情緒非常不穩定，在不想讓負面情緒影響孩子的情況下，我只好求助心理醫生，尋找出口。事後我常想，如果當時我還保有小時的運動習慣，是否一切都會不一樣？至少運動讓我有力量，有勇氣面對一切。

⋮ 臥床的日子，讓我看清很多事

我永遠記得踏進診間時，醫生還沒開始問診，我就已崩潰大哭，後來經診斷，除了憂鬱症外，我甚至罹患「格雷夫氏症」。這是一種自體免疫疾病，造成甲狀腺機能亢進，當時我的左邊眼睛凸出，就是俗稱的金魚眼，眼睛的異常造成我自信心極大的打擊。除此之外，也影響我的心臟，只要一走動就容易心跳加快，完全沒辦法活動。疾病的形成原因不明，但我內心很清楚，憂鬱及外來的壓力是我致病的很大因素。

由於病況嚴重，造成體重在一個星期內就急速下降到35公斤，醫生擔心我的心臟無法負荷身體的不穩定性，甚至對我發出病危通知。但我不願就此被打敗，我相信天無絕人之路，只要給我時間，我一定可以好起來。

之後我聽從醫生建議，盡量臥床，並配合吃藥控制。躺在床上的我很清楚知道，若不想辦法排解壓力，改變想法，吃藥只是治標不治本。

身體好轉後，我難得有機會外出拍照，留下這張照片。

⠸ 透過瑜伽伸展，我學會與自己和好

可能是成為母親後，那種發自內心的保護欲及力量，我不願就此被打敗，但看著弱不禁風的自己，我不禁懷疑，我有辦法好好養大孩子嗎？我需要更多的支撐力量。於是，我決定至少先讓自己好起來，不服輸個性在此顯露無遺，終於我的執念打敗病魔，我可以下床了。

為了不讓自己再度倒下，我想盡快轉移情緒，尋找紓壓管道，我告訴自己「一定要變快樂」，避免陷入無止盡的負面深淵。**我想起小時候每次跑步完後的快感，於是決定至少從「找回運動的好感**

覺」開始，讓自己再次動起來。但考量身體狀況，無法從事激烈運動，再加上醫生的建議，我決定選擇靜態的瑜伽，從「平衡內心」開始，尋求身心靈的平靜。配合呼吸、放鬆關節的同時，心態跟著轉變，不平與不滿逐漸被撫平，在動作中和自己達成和諧。

因為心態的轉變，憂鬱逐漸遠離我，醫生認為只要控制得宜，就能停藥，於是我更努力，讓自己保持心情愉悅，最後成功走出苦悶，不需再吃藥，負面思考被我掃進垃圾堆，在前方等著我的是充滿新希望的未來。

瑜伽療癒了我，撫平內心傷口。

Annie 這樣說

"
人生會遇到很多阻力，不論你的難題是什麼，
千萬別半途而廢，告訴自己「我可以」，
就有重新開始的機會。
"

控制肌肉，
就能控制人生

　　大病一場後的我，持續練瑜伽，甚至因為興趣考到了兩張證照。運動的正能量在我身上發酵，我的想法變得正向，感覺冥冥之中，上天都幫我安排好了，因此我開始躍躍欲試，想嘗試其他運動。當時我住在紐約，在曼哈頓都市區內可以看到許多不同年齡層的女人，個個都擁有結實體態、俐落線條，及健康的小麥色肌膚，臉上充滿笑容，散發健美的魅力，非常吸引人，讓重拾運動習慣不久，還沒練出任何線條的我，非常羨慕。受到她們的影響，我決定走入健身房，開始正式訓練。當時我還不知道，這段經歷是決定我成為專業教練的契機！

　　在國外，不論男女普遍喜好戶外運動，具備健身的觀念與習慣，運動對他們而言，已經成為一種時尚，每個人都喜歡身材曲線凹凸有致，因為有弧度的身體才好看。於是我開始嘗試TRX、空中瑜伽等有難度的運動，希望提升肌力，強化內在力量。運動的效

果騙不了人，當你的身材變好，收到的讚美也會越來越多，這些讚美都將成為動能，促使自己更上一層樓。

我始終認為，**當你透過對的運動，將骨骼肌肉調整到解剖學的正確位置上，你的心態也會回歸到正向與自在的平衡點**。這也是我第一次切身感受鍛鍊的好處，我想與更多人分享，以前當護士時的熱血精神再度被喚出，我深信曾被發出病危通知的我都能做到，其他人一定也可以。

首次教學就失敗，給了我震撼教育

於是我開始嘗試教課，因不熟悉及不流暢的解說方式、不甚熟練的動作指導，被學生嚴重質疑，再加上處於異國，外人只能從教學內容來判斷我的能力，若我無法證明自己，空有再多教學熱誠也沒用。想當然爾，我的教學失敗了，學生毫不留情的甩門走人，扎扎實實為我上了一課，也就是從那時起，我深刻體悟到若想成為一名好教練，空有熱情、能力也不夠，如何適切提供需求，讓學生能樂在其中，才是最重要的。

這在我心裡留下很深的陰影，我無法理解為什麼學生不認同我的教學，我以為自己準備好了，結果沒有，失落再加上思鄉情緒，已經遠離我的憂鬱又悄悄浮現，我又再度封閉自己，不與外界聯

絡，唯一做的事就是運動。因此健身房成為我療傷、避難、修復身心的地方，我每天瘋狂的運動健身，沒有特別目的，只知道不想也不能停下來，強迫自己將全部心思放在肌肉上，結果就是什麼線都練出來了，活像個魔鬼女大兵，這樣的日子持續了半年。

⁝ 走出沮喪，肌肉、線條證明「我可以」

雖然運動後腎上腺素飆升及流汗的快感，能帶走沮喪，讓心情馬上變好，可是一停止運動，恐慌和難過又會重新浮現，我非常清楚這中間的反差。我非常努力hold住那短暫的正面能量，但我不可能每次都藉由大量運動來排解負面情緒，於是，我試著改變想法及心態，不再糾結於不滿，並為自己設定積極的目標：「我要變成一個開心、擁有正能量的人，並將快樂的氣息帶給他人，我想藉由運動達到這一切。」我開始想像自己擁有學生羨慕的完美身形，並成為很棒的專業教練。

在我瘋狂健身下，只要做出大力水手姿勢，二頭肌就會出現，雖然嚇人卻也是我最好的見證人。

一個人的思想與情緒會帶來巨大影響，當我不再抱持負面想法，人際、工作，甚至人生，都會出現改變。我有了重新站起來的自信，並用運動證明了這一切，肌肉、線條則是我最好的見證人。我衝刺般的考到4、5張教練執照，短時間與高強度所激發出的爆發力，讓我的身體狀況達到顛峰。也是在這一年，我心中確立了未來想走的路，那就是「成為專業健身教練」，我想把從運動中體會的事，傳遞給更多人。

我超愛挑戰自我極限，成就感超高！

Annie 這樣說

"生理與心理是一體兩面，當你懂得如何感覺肌肉，才能更了解自己多一點；當你學會如何控制肌肉，也一定能夠掌控自己的人生。"

鍛鍊看似在練身體，
其實也在磨練「意志力」！

　　為了成為一名專業的健身教練，我要求自己努力鍛鍊，融會貫通各個運動領域。因此在原有的芭蕾、舞蹈、瑜伽等基礎上，我希望能再多學習，於是開始接觸重量訓練。**重量訓練是針對阻力所使用重量的訓練，搭配如啞鈴、槓鈴的使用，對肌肉釋放壓力，這些外在刺激能使肌肉變得更強壯。**為此，我決定向一般女生較少接觸的重訓下戰帖，且目標是60公斤的槓鈴。

體重49公斤，真能舉起60公斤的槓鈴？

　　重量是健身中最困難的部分，除了全身肌力到位，還有使力的技巧，每一次重量的突破都需要堅定的毅力才能達成目標。不論是20、40或是60公斤，扛在肩膀上的壓力其實是不舒服的，必須利用全身的力量對抗地心引力再舉起重量，真的不是一件簡單的事。經過多次自我摸索與技巧的調整，我從心態上不斷為自己加持、輔

身體能承受的重量與體重無關，鍛鍊加上意志力，就能超越極限。

助身體去負荷多餘的重量，並相信只要努力鍛鍊，一定可以達標。

於是，當我肩上扛著20公斤的重量時，我開始想像它有40公斤，遠比自己能做到的還多，這非常神奇，因為當你這樣想時，身體就會接收到要承受更多重量的訊息，並配合你的意志，自發性的釋放出更多能量來幫忙。沒多久，就真的可以舉起40公斤。

經過長時間的訓練，身高165分，體重49公斤的我，目前不但能舉起60公斤的槓鈴，更努力朝80公斤邁進。很多人覺得這些數字看起來不可思議，**但是自身的體重，與肌肉可以承受的重量，其實並沒有太大的關係。**

超越自己，無可取代

正因為我也曾在訓練中卡關，我發現運動第一個要克服的，其實是「心理障礙」。我常聽到很多人說「我很忙，沒時間運

動」、「好難喔，我一定做不到啦」、「我體能很差，這是我的極限」……，還沒嘗試就先退縮、畫地自限，其實是為自己找藉口。運動真的很像人生，當你不斷預設自己會失敗，那麼就一定會失敗。相信我，**當你不再成為自己的敵人，便一定能做到。**

　　很多人看到我又想學新的運動或嘗試新目標時，都會跟我說：「Annie，妳已經很棒了，不用這麼拚啦！」但我覺得正是因為我不斷幫自己打氣，做到很多原本被認為不可能的事，那種超越自己的爽感，任何成就感都無法取代。因為我已經不再需要別人、或借助外在物質來證明自己的價值了！

以前的我從沒想過能做這個動作，但鍛鍊讓我勇於挑戰，無所畏懼。

：訓練難持久？預想「成功畫面」就能突破關卡

　　我覺得很多事情，最困難的其實是「心態」。**做任何訓練或任何事，無論如何我都不想從中途回原點**，只要這樣想，再累再辛苦，都會想堅持下去，而這點沒有人可以幫你，得靠自己。

　　以運動來說，一般人總是會先想到身體的疲憊，與肌力承受的痛苦，因為預期會有壓力，所以壓力一定會出現，而且感覺更為明顯。這時何不反轉想法上的順序，想像自己已經練出完美線條，可以隨心所欲的展現好身材。先感受超越與成功的喜樂，鼓勵自己朝喜樂的方向努力，因為有明確的目標，過程中肌肉的不舒服感，也會變得比較容易忍受！

Annie 這樣說

> 運動是一場馬拉松，起跑了就要持續跑下去，
> 中途可以放慢腳步，但是絕不能停下來，
> 只要一停下來，身體就會回到原點，永遠跑不完。

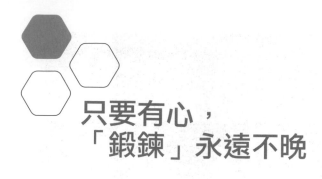

只要有心，
「鍛鍊」永遠不晚

在 2014 年我回到台北教課時，能大量發洩情緒的拳擊有氧，也是我的鍛鍊項目之一。拳擊的形式不但練到心肺，踢腿時也能練到下半身，每次大爆汗都非常痛快且紓壓，通體舒暢！因為我的投入，拳擊有氧讓我 2 個半月就長出明顯的背肌，當我穿上運動背心時，容易吸引路人的目光，更讓我心情愉悅，還能重整亂七八糟的自己，身體和心理都有一種砍掉重練的覺醒。

∷ 除了長肌肉，連內心都變強大了

由於不斷融合各種運動來強化訓練，漸漸地，我的背肌、胸肌、臂肌、腹部、臀部及大腿等身體主要肌群一一練成，肌耐力不斷提升。除了線條變美外，也大幅提升運動表現，對自己越來越有信心，內心也隨著肌肉的鍛鍊變得更強大，並能肯定自我價值，相信自己。

每個人想鍛鍊的目的都不同，但「變得更好」是我們的共同信念。

　　為了變得更好，我要求自己不斷進步，才有能力針對不同喜好的學生因材施教，為不同需求的人提供適合的運動種類。這也是我練重訓的原因，也是站在體適能教練推廣運動的立場上，鞭策自己一定要達到的體能目標及努力。

　　就這樣，現在的我能同步從事空中瑜伽、有氧、TRX、Ballet Fit（芭蕾健身）、重量訓練等不同領域的訓練及教學，擁有20張以上的專業教練執照。**每個人開始運動的原因都不同，但我相信，「變得更好」是我們共同的信念，**只要帶著一顆想改變的心，調整心態後，一切都將成為可能。

Annie 這樣說

 強大的心理能量與運動效果相呼應，
當心態調整到正向積極時，即使是困難的挑戰，
都能跨越擔憂與害怕，自我堅持，不會半途而廢。

動作反映內心，
二度補考教我的事

據學生形容，現在的我是一個每天帶著笑容且充滿正能量的人，他們喜歡我帶來的正向情緒。在外人看來，我已經徹底走出陰霾，是個快樂的健身教練。實際上，我花了很長一段時間才學會控制情緒。雖然運動真的很有效，能幫助我快速走出負面情緒，但我深知除了運動，我還是必須從「心」學習，當情緒的主人。

⋮ 開始運動後，壞情緒再也影響不了我

我的第一張教練執照是在紐約考到的，我得誠實的說，我並沒有順利通過，而是第二次補考才拿到瑜伽執照。美國的師資培訓課程很嚴格，他們認為要成為別人的老師，一定要夠資格，尤其瑜伽講求身心的穩定度，身心都達到平衡後，老師才會給予執照。

那時我的柔軟度、肌力雖然練得不錯，核心也有力，但我的心思卻因為許多紛紛擾擾，常在動作時分心，最後老師認為我還沒有

做好教學準備，把我刷下來。當時我真的很難過，我以為我準備好了，結果沒有。我下定決心，下次考試時一定要排除情緒障礙，先學會「專注」，**因為不專注什麼都做不好。**

老師知道我的想法後，鼓勵我將心思回歸到眉心，從靜坐開始，專注聆聽自己的呼吸聲，透過呼吸將胸腔打開，再完全吐氣，內心穩定後，呼吸也開始穩定順暢，動作自然穩定。後來我在二度補考時拿到執照，但也因此打好瑜伽底子。

絕不讓情緒影響教學，這是責任

很多人覺得情緒可以隱藏，把不開心放在心裡，別表現出來就好。但身為教學者，**我深知情緒左右教學品質，一個人的內心絕對**

瑜伽讓我內心平靜，學會專注，內心更踏實。

會影響外在。我記得以前在國外，還不太會調整情緒時，我常帶著一張哭過的苦瓜臉去上課，現在想想，這真的是一種很不負責任的行為，每個學生來上課的目的都不同，他們沒理由花錢承受我的悲傷及難過。那次經驗後，我發誓不論是心理或身體，若沒把自己調整到最好的狀態，絕不輕易上課，因為這是責任，也是態度。

正向思考，情緒再也不卡關

　　經過這幾年的調整，我發現情緒可以練習，只要堅定自己的意志力。幾個月之前，因為雜誌的邀請，我第一次嘗試進行網路直播，教大家線上做運動。不只對方有些緊張，我自己也因為首度直播，跟著擔憂起來，很怕自己做得不夠好，或網友不喜歡，連累了國際雜誌的品牌聲譽。

　　隨著接近直播時間，我花越多時間在記動作細節，企圖把整個流程背下來，結果變得更緊張。後來我索性不再勉強自己，確認對示範動作內容已駕輕就熟後，我將心思放在「想像直播已經完成，不但非常流暢，也成功受到網友的肯定，大家都非常開心」。我將愉悅的感覺一直放在心裡，藉著這股念力保持愉快的心情。

　　終於來到直播前1分鐘，雖然不確定自己接下來的順序，但是我的心情很放鬆。我深信只要相信自己就能完美演出。直播一開

始，很自然的帶出動作與解說口令，沒有吃螺絲，一切水到渠成。

人生在世誰沒有挫折和煩惱？**但是從運動中，我學會了正面看待、自我調整**，即使有不愉快與焦慮，也能很快化解，不糾結卡關。我非常建議大家在心情不好時運動，只要一次，你就會發現這比任何行為都有效。找到紓發情緒的方式很重要，千萬不要將負面情緒留在身上成為負擔。

Annie 這樣說

> 我喜歡運動，這是我的熱情，我告訴自己，既然喜歡，就要努力達成目標。神奇的是，只要幫自己打氣，肯定自己，就能快速消除外在情緒的干擾。

比當「貴婦」
更幸福的事

逝去的感情及大病一場，是我人生的轉捩點，是重新為自己定位的開始。一步一步地，我逐漸找回自我、自信與生命的方向，人生也因此轉彎。從倫敦、紐約、新加坡再回到台北，繞了半個地球、花了7年時間，我成了體脂15%、體重49公斤、擁有包括體適能、有氧、重量訓練、Ballet Fit、TRX及空中瑜伽等，共20多張國際健身執照的專業教練。我早已不再以淚洗面，**運動讓我從一個不開心的小女生，變得自信又開朗**。

⠿ 在家當閒妻涼母，身體反而更累？

當我改變想法後，似乎連上天都願意幫我，我在感情上找到了真正的歸宿，我跟英籍夫婿再婚了。由於他已在首爾工作多年，婚後我沒有任何猶豫，馬上就帶著兒子隨夫定居首爾。剛開始時，我享受「不必運動」的懶散，因為過往擔任全職教練時，每天必須上

運動徹底改變了我，我變得有自信，也找到感情歸宿。

課8～10小時，雖然健身教學是我的最愛，但我也累翻了。長期的辛勞在找到一個可以依靠的肩膀後，頓時鬆懈下來，我開心地放任自己天天賴在沙發上看電視。

明明沒事做，卻罕見的出現腰痠背痛，肉也變得有點鬆，不再緊實，整個人都懶懶的，比當全職教練還累。終於，我發現不能再這樣下去了，這是身體給我的警訊，於是我讓自己重新回到健身房，流流汗後，馬上精神一振、通體舒暢。這時才明瞭運動對我有多重要，以及我有多麼想念爆汗的感覺。

我想念教學的日子，也想念學生，粉絲頁每天爆量的訊息都是在提醒我「該振作了」。聽到學生說因為我不教課，他們就不再運動，這點讓我慌了，我擔心他們好不容易建立起的運動習慣就此煙消雲散。於是我和先生討論，我會努力兼顧家庭，但他必須接受我繼續健身教學的工作。同時我發現，在找回自我價值感與自信後，我更能爭取自己想要的生活方式，以「自己」為優先，並獲得家人的支持及成全。

∴ 成為最幸福的「空中飛人」

我開始偶爾回台插花教課，結果報名人數總是超乎預期，不只學生需要我，我自己也樂在教學。我深知自己的個性，不適合閒在家，我想起以前想去非洲當志工的夢想，去不成非洲，**我還是可以透過其他方式幫助更多人，那就是「運動」**。後來我固定每兩週回台灣開課一次，變成名符其實的空中飛人，把國際航班當高鐵在搭，往返於台、韓間，成本高昂，但我並不後悔。

原因很簡單，因為我一直很感恩自己有這樣的能力，幫助學生解決身心問題，實現他們的夢想，這也是我開設粉絲團的原因之一。大家可以直接跟我交流，我也希望透過網路傳遞更多正能量，我希望每個人都能享受運動。

我和我的媽媽學生們，因為運動更有自信，比婚前更亮麗。

　　我的網友們都很可愛，他們常會透過訊息與我分享大小事，不論是運動、感情或生活，甚至曾有陌生網友傳訊息跟我說，因為看到我奔走於台、韓間努力教學，她也想跟我一樣，希望能擁有我的勇氣，我真的很感動。儘管我常因往返兩地而睡眠不足，只要看到學生或網友因運動得到令人振奮的效果，就能讓我燃起熱情，更堅定的走在健身教學的路上。這一切雖然辛苦，但在我心中，絕對比「當貴婦」更幸福。

Annie 這樣說

> 每個人對幸福的定義都不同，對我來說，
> 幸福不是一朝一夕，而是來自你的所做所為。
> 因為運動，讓我與眾不同，找到自我價值。

靠自己，
妳就是女王！

　　在人生的低點，我依賴著「有個家、有人愛我，就是人生中最美好的事」的信念，以為幸福必須捨棄自我才能獲得，所以我反其道而行，卻不知反求諸己。現在兒子大了，不需要我操心，我也找到對的人，在沒有後顧之憂的情況下，我不想再放棄我的興趣及工作，我只想為自己而活。

：凡事靠自己，才是王道

　　隨著往返台、韓教學的次數越來越頻繁，馬來西亞等地也開始有邀約，學生常問我是否會成立教室。在希望提倡正向運動觀念的前提下，我努力奔波於歐洲間，一心希望靠自己的力量，引進世界最好、最新的體適能訓練來台灣。在兒童方面，決定和美國、英國及德國的醫學博士及專業空中瑜伽老師，共同在英國創辦Kyoga兒童空中瑜伽，希望在台提倡兒童體適能觀念。

在兒子大了後，我終於可以無後顧之憂，
把興趣變工作，為自己而活。

此外，也花了半年時間往返於匈牙利及英國，參與XBody（目前最新科技的體適能訓練方式）及英國官方Ballet Fit （芭蕾健身）的師資培訓。皇天不負苦心人，我不但成為這三種培訓課程的講師，也順利獨家引進代理這三種訓練課程到台灣。過程雖然辛苦，但我甘之如貽，也為我的創業之路打下強心針。

因為要開師資培訓班，再加上學生們也不斷希望我能繼續教課，增加授課時間，在天時地利人和下，我開始籌備健身中心。在完全沒有其他股東贊助的狀況下，我忙著尋找適合的開辦地點，面臨每月租金的開銷、找教練、招生，還要負擔自己台北、首爾的交通費用。雖然開心，但說不害怕是騙人的，首先我必須面對龐大的資金壓力，找地點時碰到其他人質疑我：「妳年紀輕輕的，怎麼可

能完成這些事？」難免也有情緒低落的時候。因為我除了是教練，還是沒有經驗的商人，國內、國外滿檔的行程等著我，我很害怕自己沒有足夠的時間做好每一件事。

但多年來的人生歷練讓我深刻體會：「**靠爸媽，你最多是公主；靠老公，你最多是王妃；靠自己，你就是女王！**」我不再害怕他人質疑的眼光，因為我相信「開心就能樂在其中；努力就會有好結果」，就這樣，我即將擁有自己的第一份事業。

∴ 想改變人生？試著先動起來吧！

從我定居首爾到回台授課，不到一年的時間，我馬不停蹄的展開運動事業，連我自己都很驚訝，到底是什麼樣的動能促使我勇往直前？或許可以說運動把我從自怨自艾的可憐蟲，變成懂得發揮自我價值、有事業的女人，**運動翻轉我的腦袋，改變我的人生。**

從來沒想過會經營健身中心，因為鍛鍊，這願望真的實現了！

除了教課，我也開始師資培訓，幫助更多人圓夢。

　　我永遠記得第一次在紐約授課時，學生毫不留情，甩門走人的情況，我的瑜伽老師初體驗或許差強人意，卻也因為當時的震撼教育，讓我不斷精進自己的實力，警惕我一名好教練的重要，反思一名好老師的意義。

　　現在的我除了事業，同時也是國際時尚雜誌指定的體適能指導教練、運動品牌推廣大使，更擁有20張以上的專業教練執照。運動幫助我鍛鍊出強健身心，並學會認真生活、愛自己，我也希望藉由教學與分享，幫助大家吸收運動帶來的正能量，獲得美好感覺，再將正能量散發出去。這樣的循環讓我加倍開心，並支持我在健身教學的路上，堅持走下去。

Annie 這樣說

"我也曾沮喪，覺得努力不被肯定，但這時我會告訴自己「別人怎麼看你，其實一點都不重要，你真正的價值，是你怎麼看待自己」。"

開始前先思考，
我為什麼而鍛鍊？

⠿ 專注在肌肉上，訓練效果更好

開始教學後，學生常問我：「老師，為什麼我已經運動1個月了，還沒看效果？」我了解大家急欲看到成效的心情，但是每個人的身體狀況不同，適合的訓練方式也不同，我常跟學生說，變瘦、身材變好等，的確是運動能帶來的好處，但絕對不是全部。雖然效果很重要，但我更希望大家能多傾聽身體的聲音。

運動形態與訓練方式沒有對錯，只有適合與否，身體與內心是一體兩面，唯有開心享受才能帶來好結果。奇妙的是，**當你樂在其中時，就能排除所有雜念，將全部注意力放在肌肉上，內心沉澱後，運動效果自然會提高**。每次運動時的專注，都像在進行一次負面情緒大掃除，所有煩惱與不開心會隨汗水一起揮發掉。

即使外形、體重沒有很顯著的改變，或可能因為是新手，動作深度還不足，但是一段時間後，你絕對可以看到自己在精、氣、神

樂在其中的鍛鍊，效果最好。

方面的改變，氣色變好，人也明顯變漂亮！

：運動改善憂鬱，1個月就有效

　　我有一位長期服用抗憂鬱藥物的學生，她剛來上課時，氣色不好，缺乏自信，也有些急躁，因為情緒失衡，甚至到了必須離開職場的地步。由於她先前毫無運動習慣，因此手腳不協調，常常跟不上動作，但在先生的鼓勵下，她仍每週來上課，短短一個月的時間，她服用的藥物劑量已減半，氣色明顯變好。

　　我記得有次她甚至興奮的跟我說，「Annie，剛才我去買吃的，老闆叫我妹妹欸！」即便只是小事，我仍能感受到她的開心，因為運動讓她從「心」開始改變了。半年後她重回職場工作，看到她重拾歡笑與自信，我很欣慰運動幫助了她。

⠸ 享受過程，一起變強

　　因為我自己曾經這樣辛苦的走過來，身為過來人，這些過程以及「為什麼」我都懂。我可以說，我人生中的種種覺察都是一步一腳印真實的體悟，累積成為教學的經驗。因為同理心，我格外能體會學生在訓練階段時，身心經歷的過程。

　　大部分人為了減重、雕塑身材而運動，對深受工作壓力與情緒所苦的人，運動還具有解憂的奇效。不論運動目的是什麼，**找到讓自己可以開心動起來的運動與方式，才是最重要的**。體重的改變、美妙的曲線與精實體態等，並不是最重要的結果。我認為在這一連串與身體對話的過程中，是在鍛鍊心志，富有更深層的意義。

想讓自己更帥氣嗎？現在就開始動起來吧！

　　當我徬徨無助時，瑜伽幫我沉澱思緒，讓我重歸平和；記得幫我練出背肌的拳擊有氧嗎？在我需要發洩憤怒與不平時，那是我最喜歡的運動。我相信任何人都一樣，**當你練出肌肉後，渾身會散出帥氣感**，我非常喜歡那時的狀態，那是一種覺得自己「很強」的感覺。現在的我，正透過運動完成夢想，並持續走在變強的路上，而你，準備好要跟我「一起變強」了嗎？

Annie 這樣說

> 動機與能量互為因果，找到可以讓你投入的運動，喜歡他就能持續。當你變強後，將無所畏懼。

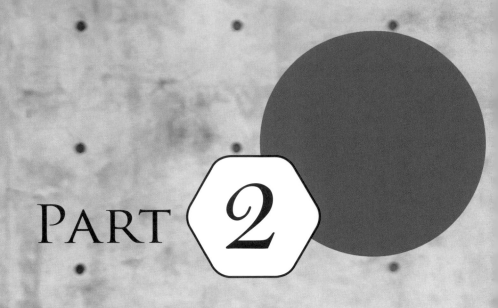

PART ②

打造微肌曲線，
從徒手練身體開始！

【基本訓練篇】

紙片人已不流行，
「微肌主義」正夯！

⋮ 想要線條？一定要做肌力訓練

　　我記得剛回到台灣時，發現台灣女孩已不再都是紙片人，對體重數字不再斤斤計較，而是重視體態與體脂時，我真的很開心。不但運動風氣越來越盛，甚至變成一種時尚，臉書上一起跑步、一起深蹲的照片變多了，這是非常健康正向的發展。

　　練肌肉的好處非常多，除了可消耗熱量，幫助減重外，讓身體更健康、心情更開朗也是優點之一。更何況，**有肌肉的身材才會有線條，讓你穿衣服更好看**。如果你還停留在「體重才是一切」的觀念，不妨丟掉體重計，先從練肌肉開始，感受體態的變化吧！

　　增加肌肉量的方法有很多，大家可以依身體狀況及喜好，選擇不同的健身方式。以重訓來說，國外女性非常能接受重量訓練，不但可增加肌力，還能保護關節，再加上歐美人的體質，天生容易堆

積脂肪，練重訓可以提高身體代謝率，有效維持身材。不過東方女性的身材較嬌小，必須先經過專業且合格教練的指導，才能開始負重，進入真正的重量訓練。

重訓＋瑜伽，讓你線條更明顯

如果希望擁有緊實線條，想透過平常的訓練打造健美「微肌」，不妨在訓練動作中融入水瓶，增加負重。但記得一定要先諮

Annie's 健身Tip >>>>

想挑戰重訓，該如何開始？

一般人若想進階到負重訓練，也就是重訓階段，必須經過至少1～3個月的徒手訓練，在不依靠任何器材下，確定自己可以控制全身肌肉。當手臂、肩胛骨、大腿、核心、背部肌群的耐力與爆發力都具備了，才能在不受傷的原則下，循序鍛鍊。

建議想挑戰重訓的朋友們，一定要請專業健身教練指導，評估自己的身體狀況是否能承受，千萬不可自行挑戰，避免受傷。

平常可透過水瓶鍛鍊肌力，打造微肌好身材。

詢專業教練，因為「拉高強度」是為了提高運動效率，安全還是優先考量，請務必在自己可負荷的狀況下量力而為。

此外，若想增加肌力，瑜伽也是很好的選擇。以我的學生們來說，較多人喜歡選擇靜態的瑜伽，他們的運動日的大多是「想減重或雕塑身材」，此時融合較多肌力訓練動作的阿斯坦加瑜伽（Ashtanga），或是需要運用較多肌耐力的空中瑜伽等，就很適合，再搭配正確飲食及適當的有氧運動，一樣能打造好身材。

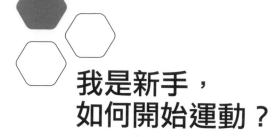

我是新手，
如何開始運動？

⋮ 先調整心態，「開心」最重要

你一定感覺過或常聽到：「運動的感覺真好！」因為只要動起來，就能神清氣爽、通體舒暢！我喜歡運動帶來正能量的說法，對我來說，運動是一件能讓我開心的事，碰到討厭的麻煩事或不順心時，只要動一動，透過飆汗就能消除不愉快。

不過，該如何開始運動比較好？我建議，先問問自己「要的是什麼？」理由很多，包括減重、改變線條、排解心理壓力、想變健康等都是。不論理由為何，只有自己能決定運動的心態，所以，訂一個能吸引你、讓你有動力、想到就覺得開心的「運動理由」吧！就算只是「想沒有罪惡感的大吃一頓」，也未嘗不可喔！

⋮ 第二步，找到適合自己的「運動強度」

找到喜歡的運動後，如何持之以恆也是關鍵。如果你是很有意

志力的人，我相信只要找到運動理由，你就能持續的動下去。但對於運動新手或意志力薄弱的人來說，動作太難、體能跟不上、沒人作伴等，都會成為半途而廢的原因。因此，我建議藉由「運動強度」，來確認所選的運動是否適合自己。

　　運動時覺得稍喘，但可以正常講話，就表示這個強度適合一般人。但如果隔天起床全身痠痛，甚至皮下出血（皮膚出現小紅點），通常是因為較少運動或強度太高所致，建議調整強度，從基礎開始循序漸進。我上課時也常提醒學生，只要覺得動作強度太高，自己有點跟不上，即可先休息，覺得準備好再開始，強迫自己不但容易受傷，也會造成心理壓力。

　　沒有運動習慣的人，不妨找朋友一起運動，互相提醒、督促，避免因怠惰造成半途而廢。**請記得，讓自己覺得開心最重要！只有充滿樂趣，才能永不放棄。**

運動前，
記得先「測量身材」

數字不等於全部，體態才是關鍵

開始運動或決定訓練前，建議先仔細測量身體圍並確實記錄，隔一個月後再測量一次。身體圍包括上臂、背、胸、腰、大腿、臀圍，也可以觀察你想練的部位，運動前後的肌肉量增減。只要認真比對身體的變化，就是你堅持運動的最佳回饋。

簡單來說，所有的「數字」都是用來參考，有時候體重或身體圍的數字並沒有太大（或者沒有）變化，或是胸圍令人失望的變小了……等，不要沮喪，極有可能是身體的「質」先起了改變。例如，臀部變翹了、大腿結實了，造成臀圍和大腿圍沒有變小，但是重點在於「長出肌肉了」，而肌肉比較重，所以體重才會沒減少，這些因果關係是相輔相成的。

另外很多女性在意胸部會變小，**實際上是因為胸部的脂肪容易在訓練時先被消耗，才導致胸圍變小**。只要持續運動，胸型會更緊實，並讓罩杯升級，更重要的是，這些肌肉的變化都會降低體脂率、提高身體代謝率，讓你成為不易變胖的「瘦子體質」。

Annie's 健身Tip >>>>

女生練「胸肌」會導致胸部變小？

很多女生以為練胸肌會導致胸部縮水，這是錯誤的觀念，因為肌肉與脂肪是不同的組織，胸部由脂肪構成，增加胸肌反而會使胸部更飽滿。若妳屬於豐滿型的女生，鍛鍊胸肌也可預防下垂。

以我自己來說，我其實只有C罩杯，但因為做重量訓練，持續鍛鍊胸大肌，還有做空中瑜伽時常倒掛，對抗地心引力，胸型集中托高，自然看起來豐滿。因此我非常鼓勵女性透過正確方式練胸肌，讓胸型自然結實、不外擴，如果再加伏地挺身，美胸效果更好，必練！

單一運動已不流行，
「混搭訓練」才是王道

　　學生常問我，為什麼我很推薦「混搭訓練」？其實一個完整的運動計畫及運動習慣，應該要包含肌耐力訓練、有氧訓練及關節柔軟度的訓練，簡單來說，不能只單純練重訓卻忽略心肺及關節柔軟度，或是只單純做有氧運動卻不練肌耐力。

　　此外，**鍛鍊部位也講求「平均」**。我常看到很多男性為了當大隻肌肉男，專練胸大肌和二頭肌，結果忽略了背肌，前後肌肉不協調的結果，導致前側肌肉緊繃，走起路來的樣子不自然也不好看；或是只練上半身，結果下盤沒力，穩定性很差。這就是狂練單一部位造成的結果，只要改回平均鍛鍊，很快就能改善。

並行不同運動，訓練效果更好

　　若是長期練瑜伽的人，也必須注意，因為極可能身體柔軟度很好，肌耐力卻不一定足夠，如此一來會造成身體沒有力氣支撐關

節，老了還容易骨質疏鬆，甚至一點小碰撞就骨折。因此，我很推薦女性也練重訓，重訓絕不是男人才能練的運動。相反地，對肌耐力差的人而言，重訓能強化肌肉能力的表現及保護關節，**當全身的肌肉控制能力穩定，運動表現會更穩定**，這也是為什麼很多運動選手的訓練菜單中，一定少不了重訓或肌力訓練的緣故。

此外，其他運動如舞蹈、拳擊有氧或是跑步等有氧運動，因心肺活動量大，吸氧量會增加，進而刺激腎上腺素分泌，使人看起來年輕、氣色好，也是非常好的運動。總而言之，任何運動都有其作用與好處，混搭訓練會讓你的運動計畫更完整。

我喜歡混搭各種運動鍛鍊，重訓也是我的喜好項目之一。

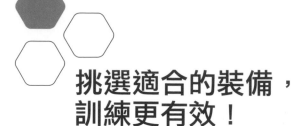

挑選適合的裝備，
訓練更有效！

| 瑜伽墊 | 減少磨擦，保護關節 |

　　主要是緩衝身體與地板的磨擦與壓力，以保護身體關節；容易有手汗的人，在墊上做動作有止滑效果，讓身體施力點更穩定。若是核心較沒力的人，趴在地上或以坐姿進行核心練習時，容易放太多重量在手肘和尾骨，產生壓力並造成疼痛感，甚至磨破皮。建議若不是肌力非常好的人，動作時還是在墊上進行，厚度可依喜好自由選擇。

運動內衣　功能優先，性感其次

　　運動內衣讓身體在活動時自由延展，同時提供必要的包覆、提托與避震效果。此外，也要依不同運動，選擇不同的運動內衣。像跑步等高衝擊的運動，就要選包覆性與支撐力足夠的運動內衣，肩帶也要選較寬的；若是瑜伽等靜態運動，可選低衝擊但延展性好的運動內衣。

　　不少女性認為運動內衣太緊，會壓胸，造成呼吸不順，事實上，運動內衣會壓胸是正常的，如果感覺非常不舒服，我建議先檢查尺碼是否太小，或挑選較舒適材質，從彈性較佳的運動內衣穿起，待習慣後，再依運動強度逐步換上保護與包覆功能性較強的內衣。請記得，**能讓你舒服自在的動起來，才是穿運動內衣的本質。**

　　胸部豐滿的女性，建議選擇肩帶寬度約 1.5～2 公分的運動內衣，達到支撐胸部不下垂、分擔肩膀壓力的效果。此外，絕對不要為了擠乳溝，故意穿小一號的運動內衣，如此不僅無法分擔胸部重量而勒出壓痕，甚至還會造成胸部變型、擠出副乳及腰痠背痛，得不償失。

如何挑選運動內衣？

① 穿上後身體可伸展，呼吸不受干擾。
② 材質舒適透氣，吸濕排汗。
③ 肩帶寬度足以分擔肩膀壓力。
④ 依運動強度，逐步調高運動內衣的功能性。

壓力褲　舒適合身、吸濕排汗是首選

跑步或重訓時，穿著讓腿部關節自由活動的壓力褲，讓腿部有適當壓力，肌肉表現會更好。但是太緊、不舒服的褲子就沒必要了，會讓腿部 關節、膝蓋等伸展角度受限，使皮膚無法呼吸。若褲子的材質無法排汗，溼氣會悶在裡層，造成過敏。

運動鞋　保護腳踝，減輕壓力

　　從事強度較高的運動時，需要一雙適合的鞋子，以保護足踝不易扭傷；若是進行室內有氧或肌力、重量訓練，挑選平底但有厚度的功能鞋較適合，可穩定支撐又能平均分散身體重量。

　　至於是否需要鞋帶，則依個人喜好。綁鞋帶的鞋子可調整性較佳，更能包覆腳部，若覺得綁鞋帶在穿脫上較麻煩，亦可選擇無鞋帶的鞋款，只要鞋子和腳在運動時有足夠密合度即可。此外，也建議搭配襪子，能有效保護腳趾頭，減少磨擦，吸收腳汗，降低鞋子的異味與耗損。

如何保養運動鞋？

❶ 當鞋底止滑效果不佳時，表示該換新鞋了。

❷ 運動後將鞋子置於通風處，隔天再放進鞋櫃。

❸ 鞋子發臭時，表示內部已發霉，請立即更換，避免因感染造成灰指甲

❹ 長時間不穿的運動鞋，建議塞入廢紙保持鞋型，並放進鞋盒收納，再收進鞋櫃。

開始運動前，
最多人問的3個問題！

❶ 如何評估體態，選擇適合的運動？

　　開始運動前，建議先評估自己的生活型態，再依下列項目反問自己，了解身體狀況，依需求選擇適合的運動及強度。

☐ 判斷身體的類型，是久坐上班族、通勤低頭族，或常跑外面的外勤族？

☐ 之前是否有運動習慣？

☐ 體力好壞？

☐ 肌肉的控制能力如何？

☐ 核心肌群是否穩定？

☐ 最困擾的身體狀態為何？

☐ 最想改善的部位是哪裡？

❷ 為什麼很難控制肌肉，無法做出標準動作？

最主要的原因可能是「不知道如何控制肌肉」。如果不知該如何出力，每天做100次深蹲也很難看到成效。不只是擺出相同姿勢，要真正用到力氣，才是標準又有效的動作。肌肉要靠「意識」去控制，如果你還不能很精確的控制肌肉，就盡量全身都試著用力，目的是避免核心不穩定，動作無法精準。久而久之，習慣了全身用力後，你就會慢慢感受到控制肌肉的感覺了。

如果你實在很難感覺到要鍛鍊的肌肉，本書附有影片，請直接跟著影片做，在一次次的重複中，一定能學會運用及控制肌肉。

❸ 達不到書中建議的「動作次數」，怎麼辦？

一般來說，運動要有相當的強度，才能累積成果。短時間＋高強度的重複訓練，是練肌力的最佳組合。一開始達不到目標也沒關係，等肌力變強時，再設定更高的標準。我喜歡將標準拉高，代表進步的空間變大了！

當我說動作做6次時，通常大家做到4次時就會覺得差不多，所以我習慣將次數拉高到8～10次，大家會很努力的至少做到6次。平常練習時，不妨也改變心態，以挑戰的心情看待次數，自然會更有幹勁。

運動前，一定要暖身

　　暖身的目的是預防運動傷害，在從事強度較高或是較激烈的運動前，一定要先活動關節和肌肉，增加關節柔軟度，讓肌肉變溫暖。除了避免受傷，也能讓運動時的關節活動範圍加大，增加肌肉彈性，才不會因肌肉緊繃而使動作受限。

　　運動的強度越高，需要的暖身越徹底，肌肉伸展的深度也要更深才行。若是一般的運動，每次暖身約5～10分鐘就已足夠。**暖身運動並沒有制式動作，沒有一定要怎麼做，只要能夠做到「活動關節」及「溫暖肌肉」即可。**

搭配音樂暖身，效果更好

　　我喜歡充滿活力的運動，所以我的暖身會結合有氧與舞蹈，配上令人振奮或是心情愉悅的音樂，一開始就進入「運動是一件充滿樂趣的high事」情境。因此在這套暖身中，多是偏動態的有氧動作，此時呼吸量增加、肌肉充血、血液循環加快，可幫助放鬆心情。雖然會有點喘，反而能幫助適應正式運動。

　　每個動作約做30秒，或依照自我需求，增加暖身的時間。

暖身運動

1 跨步手臂伸展

1 雙腳打開，雙手放身體兩側，挺胸不駝背。

2 右腳往右邊跨一大步，右手臂往左邊延伸。

3 再將左腳往左邊跨一大步，左手臂往右邊延伸。

2 髖關節深蹲

1 將雙腳打開至比臀部寬，雙手自然放在兩旁。

2 雙手互扣，將臀部後推下蹲，停留1秒再回到動作❶。

③ 展胸抬腿

1 挺胸，左腳後往上勾，
雙手同時向後擺。

2 接著換右腳往後上勾，雙手向
後擺。左右輪流，做滿30秒。

④ 側身延展

2 右腳往右跨一步，右膝
蓋微彎，左手往斜上方
伸展。左右輪流，做滿
30秒。

1 左腳往左跨一步，左膝蓋微彎，
右手往斜上方伸展。

⑤ 抬膝碰手肘

1 將左膝蓋往上抬高靠近胸口，並與左手肘相碰。

2 再換右膝蓋抬高，並與右手肘相碰。左右輪流，做滿30秒。

⑥ 壓腿伸展

1 呈蹲姿，右腳伸直，左腳屈起，用左手抓住右腳，壓腿伸展。

2 接著換邊，左腳伸直，右腳屈起，用右手抓住左腳。左右輪流，做滿30秒。

運動後，記得要收操

　　運動後，肌肉與關節因為經過充分使用，會變得緊繃，為了放鬆肌肉、減少乳酸堆積，及緩解運動後的痠痛感，一定要做收操伸展，讓肌肉徹底放鬆。這套收操伸展共有6個動作，每個動作做6～8次。不同於熱身，收操的每個動作我都加上了功效，方便大家對照，緩解肌肉痠痛。

　　此外，美國醫學學會已證實，肌肉放鬆最有效的停留時間是**10～12秒**，因此不論是哪一種伸展動作，停留時間建議約12秒，效果最好。

睡前做收操，幫助改善睡眠

　　此外，並非只有運動後才能做收操，**平時感覺全身緊繃或工作壓力大時，都可以做這套動作。**透過伸展放鬆身體，也能紓緩身心。平時不容易入睡或睡眠品質較差的人，我也很推薦在睡前時做，若是搭配柔和的音樂，助眠效果更好。

收操伸展

⬡1 側背式伸展　｜功效｜ 放鬆背部與肩膀

1 呈微蹲姿，身體微微前傾，雙手輕放在膝蓋上方。

2 將右肩往下壓，感覺背部及大腿被伸展，停留約10秒後回到中間，再換邊動作。

⬡2 三角式伸展　｜功效｜ 放鬆背部肌肉、大腿後側、臀部、小腿

1 站姿，雙腳打開至比臀部寬。

2 將背部下壓，用右手碰左腳尖，扭轉身體，左手往上延伸停留，共做6～8次，再換邊動作。

⬡3 側向下蹲式伸展

功效 放鬆股四頭肌、大腿前側、鼠蹊及髖關節

2 身體轉向右方,右手在右腳尖外側,左腳往後伸直,背部放鬆,停留10~12秒,回到中間,再換邊動作。

1 呈蹲尖,雙手貼地。

⬡4 手臂側向伸展

功效 放鬆手臂肌肉,伸展肩關節及後背肌

2 將左手打橫放在胸前,右手肘內收夾住左手。停留10~12秒,再換手進行。

1 雙腳打開至比臀部寬,雙手打開,身體呈大字形。

5 頸椎放鬆伸展　功效 放鬆頸關節及肩膀

1 站姿，將右手放在左耳上方，輕輕把頭部往右方下壓，停留10～12秒。

2 接著換用左手把頭部往左方下壓，停留10～12秒，左右輪流進行。注意動作時不駝背。

6 手臂後扣伸展　功效 放鬆背肌及肩關節

正面

1 站姿，雙手在背後互拉，肚子內收，挺胸。雙手若碰不到沒關係，盡量就好，重點在拉開胸口及肩關節。停留10～12秒，再換邊動作。

背面

2個一定要先練好的基本動作
——深蹲和棒式

　　在正式進入練習前，我非常推薦先練習「深蹲」和「棒式」這兩個基本動作。因為很多動作是以深蹲和棒式為基礎，就算沒有進入加強版的練習，光是做好這兩個動作，也能有效鍛鍊肌力。一旦做好深蹲和棒式，再進入其他變化延伸動作時，你會發現練習更有效率，想要練的部位線條會有令人眼睛一亮的效果！

深蹲怎麼做？

深蹲時，可依個人習慣選擇是否穿鞋。若是進行負重深蹲時，建議要穿運動鞋以保護踝關節，緩衝地板的反作用力，並使用身體的核心力量幫忙，找到穩定雙腳及身體的力量。

每回 18～20 次，共做 3 回

Point

腳的寬度很重要，太寬或太窄都會影響訓練效果。

1 雙腳打開與臀部同寬，腳尖和膝蓋朝向正前方，身體挺直不駝背。

SQUAT 深蹲

集中鍛鍊下半身，
強化全身肌肉力量

　　無論是男女，都應該「練腿」，因為全身有70%的肌肉集中在下半身，可說是投資報酬率最高的部位。深蹲雖然只是下蹲，卻是全身性的動作，可鍛鍊臀大肌、股四頭肌、大腿後側肌群等，再加上下蹲時重心的轉移，也會用到核心力量來維持平衡與移動。

　　下半身的肌群是人體的第二個心臟，唯有下半身的肌肉有力量，才能將血液打回心臟，**因此練好深蹲就等於是強化心臟功能**。更棒的是，還能保護膝關節，不容易在運動中受傷。此外，若你正在進行阻力負重訓練，也能有效預防運動傷害，讓你的運動表現更好。

Point

注意下蹲時，
膝蓋的位置盡量
不超過腳尖。

拱背壓迫
頸椎

未確實
啟動臀部

膝蓋
超過腳尖

2 腹部收，臀部夾緊，吸氣時將髖關節往後推，臀部往下蹲到與膝蓋平行的位置，背部打直不拱背，雙手向前平舉維持平衡。吐氣時身體回到動作❶，再次肚子收、臀部夾緊，感覺臀大肌在收縮即可。

PLANK 棒式

鍛鍊核心肌群，
喚醒身體的力量

　　棒式又稱撐體、平板式，這是一個能增強全身力量，並增加肌肉穩定性的動作，讓你在面對困難的挑戰時，全身有穩定的肌群來突破層層關卡。一般來說，**以手肘撐地或手掌撐地皆可**。肘撐時，身體接觸地面

棒式怎麼做？　停留**30**秒，休息**10**秒，共做**3**回

1 單腳跪地，另一腳伸直撐於後方，雙手手肘撐地，肩關節在肘關節正上方。

2 將跪地的一腳向後伸直，將身體撐起，視線自然看向斜前方地板。身體重心放在身體正中間，注意背部從頭到腳呈一直線，肩胛骨夾緊，臀部不翹起也不往下掉，核心用力收小腹，讓身體穩定停留。

Point
如果做肘撐棒式時，覺得手肘疼痛，請注意肘關節與肩關節的相對位置，是否沒有對齊；並盡量在瑜伽墊上練習。

的支撐點，以及地板接觸面積會比用手掌撐地多，**因此，「肘撐」較適合初學者練習。**

　　若你的棒式動作正確，會藉由核心肌群對抗地心引力的力量，來撐起身體。過程中必須保持身體穩定，對訓練身體核心有很好的效果，也能鍛鍊全身肌肉，甚至強化內在力量，有信心面對挑戰。

進階版

若覺得肘稱棒式過於簡單，則可進一步挑戰手掌撐地的高棒式。進行時，一樣需注意手掌與肩關節是否相互對齊。

臀部翹太高

拱背，未確實使用腹部力量

腹部未用力

STEP 1

❧ 上半身運動 ❧

打造完美肩線，穿衣更好看

　　本篇Annie要教大家練出結實的手臂線條，揮別鬆垮無力的蝴蝶袖，不只如此，還能同時鍛鍊胸部及背部，讓上半身線條更好看。線條緊實在夏天格外重要，因為穿衣服不必在乎能否遮住蝴蝶袖，沒有遮醜的禁忌之後，自然渾身散發出自信感，怎麼穿都好看！

　　每篇動作分為四大類，從上半身的四大肌群著手，包括手臂二頭肌、肱三頭肌、胸大肌及背部闊背肌、豎脊肌的鍛鍊。每個肌群都有初階及進階兩個動作可供練習，進階動作會比初階動作稍難，動作時要注意，依「個人能力」來調整動作的次數與強度，**如果覺得動作做起來很吃力，可先從簡單的第一個動作開始，等到越來越適應了，再進入第二個動作。**

想豐胸不必吃青木瓜，練胸大肌即可

　　女性只要練出「微肌」就非常有魅力，但是不能只顧著雕塑下半身，上半身也不能偏廢，尤其女性練胸大肌對於胸型的線條，及胸部的緊實度有很棒的效果，我覺得女生比男生更適合、更應該練胸大肌，愛美的女生真的不能不練！

Upper
Body
Workout

上半身運動 —— Ⓐ 打擊蝴蝶袖

A1 肱三頭毛巾後舉

每回**8～10**次，共做**3**回

正面

側面

1 站姿，雙腳打開至與肩同寬，雙手在身體後方握住毛巾兩端，收小腹挺胸。

停留
3秒

Point

肚子核心穩定，小腹
不能往前凸喔！

上半身運動 — Ⓐ 打擊蝴蝶袖

2 手臂慢慢往後抬高，在能力範圍內抬到最高，
再放下回到原位。

Annie
這樣説

這個動作除了練肩胛骨，也練到肱三頭肌，可消除惱人贅
肉，雕塑肩線，打造完美的肩胛骨。

上半身運動

Ⓐ 打擊蝴蝶袖

A2 肱三頭高舉延展

每回**8～20**次，共做**3**回

1 坐於地面，膝蓋彎曲立起，掌心貼地，指尖朝向前，放在臀部後方。

上半身運動 Ⓐ 打擊蝴蝶袖

2 先吸氣，吐氣時將臀部抬起，身體抬高，以手臂三頭肌的力量支撐身體，再慢慢將臀部放下。

停留
3秒

注意不聳肩。
Point

Point

透過核心力量幫忙，讓臀部盡量不往下掉。

Annie
這樣說

動作時一定要注意膝蓋的位置，必須在踝關節上方才正確。

上半身運動 ─ **B** 緊實手臂線條

B1 手臂側舉練習

每回**8~10**次，共做**3**回

1 站姿，雙腳打開至與肩同寬，轉一下肩關節，確定核心穩定，雙手握水瓶，並自然放於體側。

080

上半身運動 —— Ⓑ 緊實手臂線條

Point

每次往上都要
感覺到手臂肌
肉的收縮。

2 接著肩膀固定、雙手緊握水瓶，左手往上舉時，
右手放下，左右交替重複進行。

Annie
這樣説

練手臂前側的二頭肌要靠阻力，最簡單有效的方法就是利用
水瓶。但水瓶的負重較低，建議增加次數，提升運動強度。

上半身運動 ─ **B** 緊實手臂線條

B2 肱三頭練習

左右各**8~10**次，共做**3**回

姿勢矯正
Check

背面

1 雙腳打開至比肩膀略寬，左手在頭部後方握住水瓶，右手扶住左手肘。

082

上半身運動 — **B** 緊實手臂線條

Point

身體不晃動，收小腹，
臀部夾緊，挺胸。

2 左手由上往下放，速度勿
過快，上下來回算一次，
再換邊練習。

Annie 這樣說

除了練三角肌，也同時練到肱三頭肌。若動作時肌肉會抖
動，恭喜你，表示用對力氣了。

083

上半身運動 — C 練出胸大肌

C1 伏地挺身

⚑ 動作CHECK

每回**8～10**次，共做**3**回

✔ 注意手腕關節位置，保持掌心貼地，壓力才不會過度集中於手腕，造成疼痛。
✔ 手肘維持在身體兩側，上下時不外開，肘關節不鎖死。
✔ 往上撐起時，要用到手臂與核心力量，而不是變成膝蓋撐地。

Point

肩部要對齊手腕，
呈一直線

1 趴姿，呈棒式姿勢，肩關節與腕關節在同一直線上，
視線看斜前方。

2 身體穩定，臀部不往上翹也不下垂，先吸氣，吐氣時手肘彎曲，身體垂直往下，到手肘與背部同高的位置，再往上撐起回到原位。

Point

背部從頭到腳呈一直線，肩胛骨夾緊。

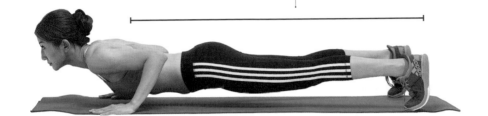

上半身運動 — Ⓒ 練出胸大肌

Annie 這樣說

做伏地挺身最常見的錯誤是身體下去太低，很多人因為撐不起來，便以眼鏡蛇式的弧度上來，而非直上直下，這樣容易造成肩關節過度旋轉而受傷。此外，膝蓋彎曲或著地，也不正確。

上半身運動 — C 練出胸大肌

C2 棒式手臂延展

左右各**8~10**次，共做**3**回

Point

核心穩定，臀部夾緊。

1 身體呈棒式，雙腳打開至與肩同寬，雙手握水瓶，自然垂放在肩膀下方，不用力，重心放在支撐地板的手肘上，肘關節不鎖死。

2 身體保持一直線，緊握水瓶，將右手向前伸直，
接著再換左手伸直，左右輪流進行。

Point 進行時，下半身不可移動，腹
部核心用力收緊。

上半身運動 — Ⓒ 練出胸大肌

Annie
這樣説

肌力較好的人，可將每回次數提高至10～18次，增加運
動強度，挑戰高難度。

上半身運動 —

D

打造比基尼美背

姿勢矯正
Check

D1 眼鏡蛇上提

每回**8～10**次，共做**3**回

1 俯臥於墊上，雙手放胸口兩側，掌心貼地，手肘內收，靠近身體，雙腳自然打開與肩同寬，使用肩胛骨到脊椎及核心的力量。

Point 臀部及大腿用力，使下半身穩定貼地。

2 吸氣，雙手撐地將上半身抬起，再回到動作❶，重複進行。

停留
3-5秒

下半身出身，保持腳尖不離地。 **Point**

上半身運動 — Ⓓ 打造比基尼美背

進階版

你也可以這樣練

想挑戰高難度的人，不妨試試抬起身體時，連下半身都離地，膝蓋打直，胸口盡量離開地板，只有腹部及大腿前側著地，約停留**8～10**秒，會使用到更多核心的力量。

Annie 這樣說

不知道你發現了沒？任何訓練都需要核心肌群來幫忙，不會只用到單一肌群，所以這組練習很棒，練美背也練核心，一舉兩得！

上半身運動

D

打造比基尼美背

D2 弓式練習

每回**8～10**次，共做**3**回

Point

注意不可聳肩。

1 俯臥於墊上，雙手抓住雙腳，臉部朝下不抬頭。

2 吸氣，上半身與雙手用力向上，將身體提起。
注意，請保持自然呼吸，勿憋氣。

Point

背部及大腿前側，要有用力的感覺。

停留
3-5秒

Point 腹部要收緊。

上提時，注意膝蓋不可過度外開，以免分散
背肌的力量，降低運動的功效。

Annie
這樣說

上半身運動 **D** 打造比基尼美背

❧ 核心運動 ❧
穩定身體力量，增加肌耐力

　　隨時隨地「收小腹」，是練核心的開始！核心指的是身體中段包括腹肌、背肌、髖關節附近的所有肌群，以及部分大腿肌肉肌群。每個人在日常生活中都會使用核心肌群，也是身體維持平衡的根源。不僅如此，任何運動都得借重核心，它是各種訓練的基礎，唯有保持身體穩定，才能鍛鍊不同的部位。當你想增加肌耐力時，擁有強健的核心能使你更快看到成效。

想要馬甲線？核心得先練好

　　若你想練出馬甲線，只要持續做本篇的動作，就能看到效果，連腰線也會變得緊實迷人。除此之外，若你想挑戰重訓，更要訓練核心，才能幫助身體負重。

　　此外，我發現很多人因為核心肌力差，導致坐姿不良，其實只要練好核心，讓身體中段的肌肉保護脊椎與骨骼，任何時候你的坐姿都能維持在挺直的正確位置上。一旦姿勢正確，就不容易腰痠背痛。

CORE
EXERCISES

核心運動 — E 強化平衡感

E1 單腳繞圈

左右各做**1**分鐘

1 站姿,雙腳打開至與
肩同寬,雙手插腰,
腰背挺直不駝背。

2 抬起右腳至髖關節的
高度,保持重心,身
體勿前傾或搖晃。

核心運動 ─ E 強化平衡感

3 單腳站穩,將抬起的右腳往側邊打開,再回到動作❷,反覆進行**1**分鐘。接著,再換左腳以相同方式進行。

Annie 這樣説

進行時,務必保持身體穩定。此外,一般人都會有某邊的平衡較差,容易搖晃,這是正常的,只要加強練習該側,即可改善。

核心運動

E 強化平衡感

E2 平衡延展

左右各做**1**分鐘

姿勢矯正
Check

1 站姿，雙手插腰，挺胸不駝背，右腳向前伸直，抬起至膝蓋的高度。

2 右腳穩定地轉向側面，進行時保持身體平衡，勿晃動。

核心運動——

(E)

強化平衡感

Point

單腳站立時,不穩定性會增加,必須用更多核心力量來維持平衡。速度請依個人體能,可快可慢,重點是保持穩定。

Point

過程中膝蓋一定要伸直,不可彎曲。

3 接著往後抬高,再轉回到側面,最後回到前方,再換腳做。

Annie 這樣說

往前抬腿時能練到股四頭肌,往側邊抬高時則練到側腰肌群,往後時又練到臀大肌及大腿肌群,是具有多重功效的超棒動作。

核
心
運
動
|

F

強
化
體
幹
核
心

 **F1** 撐椅棒式

🚩 動作CHECK

停留**30**秒，再休息**10**秒，共做**3**回

✔ 椅子高度依人而定，剛開始建議使用板凳，再慢慢增加椅子的高度練習。
✔ 椅子一定要固定好，以避免過程中晃動。

1 身體撐地，先將左腳放在不會滑動的椅子上，
保持肩膀和腕關節在同一直線上。

▶ **Point**

手掌關節一定要在肩關節正下方。

核心運動 — F 強化體幹核心

Point

背打直,肚子不往下掉,
以免腰椎的壓力過大。

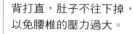

2 接著將右腳也放在椅子上,雙手打直不彎曲,
呈棒式姿勢,核心用力以便伸展脊椎。

Annie 這樣說

肌力較差、手臂會抖的人,建議先測試自己的體能,從簡單
的掌撐棒式(見P73)開始練習,再慢慢挑戰身體的極限。

F2 單腳上舉棒式

左右各**3～4**次，共做**3**回

Point 核心用力，肚子不往下掉。

1 雙手打直貼地，雙腳放在
椅子上，呈棒式姿勢。

核心運動 — Ⓕ 強化體幹核心

Point

膝蓋從頭到尾都要
打直，以體能可抬
起的高度為極限。

2 先抬高右腳，約停留6～10秒，再換抬
高左腳，一樣停留6～10秒。雙腳回到
地面，休息10～15秒再繼續。

Annie 這樣説

利用椅子也能做棒式，抬腳的高度越高，強度越強，連背
肌都會練到喔！

核心運動──G 練出馬甲線／川字肌

G1 雙腳划船

每回**8～10**次，共做**3**回

1 坐姿，雙手往前伸直，雙腳維持懸空，腳下放一疊書。若是動作時臀部會痛，可在瑜伽墊上進行。

核心運動 — Ⓖ 練出馬甲線／川字肌

2 吸氣，吐氣時將雙腳往前推，身體往後放，背部、膝蓋伸直，再重複來回移動。

動作時，腳不可碰到書本。　**Point**

肩膀放鬆，不拱背及聳肩。　**Point**

Point

核心內收有力才能穩定抬腳並移動，如果發現撐不住，可以先從抬腳停留的動作開始練習。

Annie 這樣說

身體來回時，腰部及腹部都會出力，運動到整個核心肌群，練馬甲線非常有效，線條在身體移動中能拉出來，大推！

核心運動—**G** 練出馬甲線╱川字肌

G2 膝碰手肘練習

左右各**8～10**次，共做**3**回

1 身體呈棒式姿勢，手腕關節和肩膀呈一直線，重心在身體中間，臀部不往上翹及下垂，肚子收緊。

2 手肘撐好，用左膝蓋去碰左手肘，身體保持穩定不晃動。

3 接著換用右膝蓋去碰右手肘，
左右腳重複進行。

核心運動—G 練出馬甲線／川字肌

動作時，身體穩定是重點，
不因腿部動作而前後移動。

×

Annie
這樣說

若膝蓋無法靠近手肘，請盡力而為，將重點放在身體核心的
穩定性，慢慢練習，持續做一定會進步，加油！

核心運動－Ⓗ 打造迷人腰線

H1 側棒式抬腿

左右各停留**10～15**秒，共做**3**回

1 側身臥於墊上，右手肘撐地，肘關節位於肩膀正下方，膝蓋併攏，腳尖對齊。

2 掌心貼於地面，將側腰撐起，肚子不往後掉，左手向上舉，左腳同時離地抬高，約停留10～15秒，再回到原位，休息10～15秒後換邊做。

Point ▶ 注意，臀部不可往下掉。

Annie 這樣說

這個動作可練到腰大肌群，包括髂腰肌及側腰肌，讓側腰線的弧度更美。除了側腰用力，也能練到腹直肌（馬甲線）。

姿勢矯正
Check

H2 躺姿手肘碰膝

 **動作CHECK**　　　左右各**18～20**次，共做**3**回

- ✔ 手肘打開，不夾脖子。
- ✔ 用核心及上背的力量將身體往上提，不用脖子的力量，以免造成頸椎壓力過大。
- ✔ 手肘若碰不到腳也沒關係，給自己時間練習，一定會進步。

1 平躺於墊上，雙手輕靠在耳後，雙腳伸直貼地。

2 抬起身體，讓左手肘靠近右膝蓋，再換邊動作。
換邊時可休息10～20秒再開始。

Point ◀ 用核心及側腰肌群的力量，
讓手肘與膝蓋盡量靠近。

STEP 3

✸ 下半身運動 ✸
增加腿部力量，打造性感蜜大腿

　　鍛鍊下半身能避免梨形身材、大屁股及馬鞍肉增生，線條更緊實。下半身的訓練不只是為了減重或雕塑腿部線條，下半身的肌力是否足夠，更是穩定全身力量的關鍵。如果大腿沒力，做核心訓練時，效果將不如預期；反之若肌力充足，不論是從事跑步、騎自行車等運動，都將有更好的表現。

預防跌倒、骨質流失，一定要練下半身

　　此外，一旦下半身肌力不足，重心就不穩，容易跌倒。我常看到有些女生腿部不長肉，瘦到皮包骨，看起來像俗稱的「鳥仔腳」，我強烈建議這樣的人，一定要加強下半身的肌力訓練。除了預防跌倒，也能保護膝蓋，增加骨質密度，預防骨質疏鬆，**特別是女性過了40歲後，骨質流失速度快，練下半身也能預防骨折。**

　　本篇介紹的動作能有效鍛鍊大腿內外側、臀部及馬鞍肉等難瘦部位，只要持續做，很快就會有緊實感。想在夏天時穿上比基尼或熱褲，展現好身材嗎？快跟著Annie一起練下半身吧！

LOWER BODY WORKOUT

下半身運動 — **I** 消除惱人馬鞍肉

I1 單腳水平側抬腿

左右各**18~20**次，共做**3**回

Point

身體、背部、臀部打直，注意挺胸不駝背，腹部核心用力。

1 右手掌撐地，位於肩關節正下方，右膝蓋貼地，置於髖關節正下方，左手往上抬高，左腳伸直延長。

▶ 動作CHECK

✔ 手肘不鎖死，臀部往上撐起， 關節在膝蓋正上方，維持側棒式的姿勢。

✔ 腹部核心保持用力，骨盆不晃動。

Point

脊椎不往後，保持挺直，壓力才不會
集中在肩膀及背上，造成受傷。

2 吸氣，吐氣時將左腳上提，抬高至與身體呈一直線，
再慢慢回到墊上。

Annie
這樣説

如果抬腿高度無法與身體平行，可抬高到臀部及大腿外側
「有感覺」即可。當你能抬得更高時，表示腿部肌力有進
步，請繼續加油！

下半身運動 **I** 消除惱人馬鞍肉

111

姿勢矯正
Check

12 大腿外旋

左右各 **18~20**次，共做**3**回

1 側躺於墊上，右手肘在肩關節正下方，
左手置於身體前方。

2 左腳彎曲向外打開，再向前使左膝碰右膝，
來回動作。接著，再換邊以相同方式進行。

Point 腰部不往下掉，核心出力以穩定身體。

Annie 這樣說

看來簡單，做起來很累的動作。藉由腿部的動作緊實側
腰、臀部及大腿外側，保證有效。

姿勢矯正
Check

J1 側躺抬腿點地

左右各 **18～20**次，共做**3**回

1 側躺於墊上，肚子收、臀部夾緊，大腿內側也夾緊，脊椎打直，左手放在後腦勺。

2 吸氣，雙腳屈起收回，吐氣時雙腳回到動作❶。進行時，注意左手需持續放在後腦勺，上半身不晃動。

J2 單腳上舉運動

左右各**18～20**次，共做**3**回

1 側躺墊上，右手肘放在肩關節正下方，右腳伸直，左腳跨過右腳，彎曲置於前方。

Point 靠近地面的側腰不往下掉。

2 吸氣，右腳往上提到最高，吐氣再放下右腳，接著換左腳，重複進行。

下半身運動 **J** 消除大腿內側浮肉

下半身運動 ── K 練出緊實俏臀

K1 跪姿畫圓運動

左右各 **18～20** 次，共做 **3** 回

1 呈四足跪姿，雙手打開撐地，肘關節在肩
關節下方，臀部打開至與髖關節同寬。

2 吸氣，吐氣時將右膝蓋內收，再往左畫大圈，讓右膝蓋輕點
對向的地板，再回到墊上。休息10秒後，再換腳進行。

Point

不拱背，身體保持穩定。

Point

過程中只有臀部
移動，其他部位
請保持穩定。

Annie
這樣説

這個動作能充分伸展腿部，練到每一塊肌肉，對於緊實臀
部來説，有非常好的效果，睡前也很適合做。

K2 單腳高舉弓箭步

左右各**18~20**次，共做**3**回

下半身運動 — **K** 練出緊實俏臀

1 站姿，將左腳放在椅子上，骨盆維持在正中間的位置，脊椎上提不駝背，雙手放於身體前。

Point

垂直往下時，身體不前移，
骨盆及腳部都要保持穩定。

90°

2 吸氣，雙手往前平舉，右膝蓋下蹲至90度，注意膝蓋盡量不超過腳
尖，吐氣時回到站姿，再換腳練習。

Annie
這樣説

記得要找一把較穩固的椅子，避免動作時，椅子滑動，造
成跌倒或受傷。

Ⓛ1 不平衡深蹲

左右各**18~20**次，共做**3**回

1 右腳踩在矮凳或較厚的書上，
以增加身體的不穩定性，藉此
提高難度。

Point

不駝背，也不壓背。

2 雙手平舉向前，接著下蹲，腳尖及
膝蓋朝向正前方，背部打直。

120

姿勢矯正
Check

L2 側弓箭步

左右各**18～20**次，共做**3**回

1 雙腳打開至比臀部寬，肚子收，臀部夾緊，挺胸不駝背，雙手交叉放在前方。

2 吸氣，吐氣時將身體重心往左邊移動，左膝蓋彎曲，右腳伸直，臀部往後推；再回到原位，換邊練習。

下半身運動 **L** 雕塑腿部線條

下半身運動 — Ⓜ 緊實大腿後側線條

姿勢矯正
Check

M1 單腳夾水瓶上舉

左右各**18～20**次，共做**3**回

Point

背部打直，不駝背。

1 呈跪姿，雙手手肘撐地，肘關節在肩關節下方，膝蓋在髖關節下方，將水瓶夾在左腳膝蓋後方。

Point

手肘不傾斜，
以支撐身體。

2 吸氣，吐氣時將左腳及臀部往上提，身體
保持穩定，停留約3秒後再回到墊上。

Annie
這樣說

若無法用大腿夾住水瓶，可先從單腳上舉開始練習，
待身體穩定後再加上水瓶。

下半身運動 —— Ⓜ 緊實大腿後側線條

123

M2 單腳上提

左右各 **18～20** 次，共做 **3** 回

1 呈躺姿，左腳彎曲貼地，右腳往上抬高伸直，雙手置於身體兩旁，視線看上方。

Point

右腳要盡量打直，
肌肉感覺正在被伸
展，效果才會好。

2 吸氣，吐氣時臀部往上抬高，右腳則向上伸直，盡量將身
體上推，停留1～2秒後回到墊上，再換腳練習。

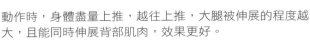

Annie
這樣説

動作時，身體盡量上推，越往上推，大腿被伸展的程度越
大，且能同時伸展背部肌肉，效果更好。

PART ③

任何人都能做，
訓練３分鐘就有感！

【速效運動篇】

I SHAPE
MY OWN
BODY

按「生活型態」設計，
3分鐘也能做運動

針對現代人因不良生活習慣造成的身體問題，以及長期缺乏運動造成的體態困擾等，Annie特別篩選出10大體態類型，設計這套「3分鐘速效運動」。因應不同身體狀況，讓你不論在客廳、臥室、辦公室或通勤時，隨時隨地都能利用3分鐘運動。可別小看這套運動，利用徒手重訓，不需器材輔助，即使只有3分鐘，只要持之以恆的練習，也能有效的看到身體上的進步跟改變。

不論哪一種生活型態，都包括3個動作，1個動作每次只需做1分鐘，共做3分鐘。如果有時間，我強烈建議重複進行，做滿10分鐘。這麼一來，每天只要運動3次，就等於做了30分鐘的運動，是否很驚人呢！從今天開始，別再用沒時間當藉口，器材也不再是問題，只要做本篇的「3分鐘速效運動」，就能改善問題及症狀，時間短，效果更好。

：讓運動成為生活的一部分

如果你的工作非常忙碌，連選擇動作的時間都沒有，Annie也依照每個人每天的作息，利用3分鐘速效運動設計了「1日燃脂計畫」（見下頁），只要在該時段做表中的運動，按表操課，做滿3分鐘即可。讓運動融入生活中，絕不是難事。

我有許多學生剛開始運動時，連30秒的棒式都撐不了，現在他們不但進步神速，甚至比我還會找空檔做「3分鐘速效運動」，身體和精神也變得更好。運動就像儲蓄，積少成多，現在就跟Annie一起「用運動儲存健康」吧！

Annie 這樣說

"
做3分鐘速效運動前，建議還是要暖身，可從P63～65的暖身動作中，挑選1、2個喜歡的動作，活動關節，只要感覺身體開始發熱，就可進入運動。
"

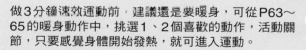

1日燃脂
計畫

時段	運動內容			功效
早上起床	P137 瑜伽 前彎式	P138 單腳 側邊扭轉式	P139 手抓腳趾躺式	剛睡醒時，適合做簡單動作，喚醒沉睡的身體。
通勤時	P153 縮臀 運動	P154 後提臀 運動	P155 雙腳 抬膝 運動	通勤時常會很想睡，適合能提振精神，重拾活力的動作。
中午飯後	P141 肱三頭肌 運動	P142 側棒式 手臂內收	P143 後腿 抬膝 穩定 運動	吃飽飯休息後，適合做能訓練線條的動作，幫助消化。
下午3點	P133 相撲式深蹲	P134 辦公桌伏地挺身	P135 椅子側弓箭下蹲	上班族可在休息空檔，利用椅子及辦公桌活動身體，避免久坐。

時段	運動內容			功效
晚上看電視時	**P149** 坐姿捲腹	**P150** 側棒式 單腳抬腿	**P151** 後抬腿加跨腳	追劇空檔不妨在客廳動一下，短短**3**分鐘也能有效果。
洗澡後	**P165** 駝式	**P166** 牛面式	**P167** 貓背式	洗澡後身體已放鬆，此時不妨做些舒緩動作，伸展疲憊的身體。
睡前	**P161** 躺姿夾抱枕	**P162** 四角獸運動	**P163** 手握對向單腳	不要小看睡前的時間，每天做**3**分鐘，持之以恆就能看到效果。
假日限定	**P169** 弓箭步跳躍	**P170** 波比跳	**P172** 單腳內側延展	假日若想增加強度，可在適合的時間做這**3**個動作，加速燃脂。

TYPE1 整日坐辦公室的**久坐族**

　　久坐的人髖關節活動量少，久而久之，關節的可活動範圍會變小，柔軟度變差。對女生來說，**一直坐著不動，身上的肉就會鬆弛，大腿內側的贅肉及馬鞍肉就會悄悄跑出來**，造成站立時，兩條腿中間被浮肉填滿，臀圍越來越大，褲子也越穿越大。更可怕的是，下半身的肉雖然變多，卻越來越沒力。因此，建議每辦公1小時，就離開椅子，利用3分鐘運動，保證上班不再昏沉無力。

1分鐘

已經坐了一整天了，不妨移開椅子，
透過深蹲鍛鍊腿部及臀部肌力，一舉兩得！

1 雙腳張開大於肩寬，雙手握拳
自然置於前方。

2 向下蹲坐，臀部向後推，
身體保持穩定。

02 辦公桌伏地挺身

1分鐘

被工作壓到喘不過氣來嗎？不妨站起來活動，
透過這個動作練胸肌，消除胸悶，還能練手臂線條。

1 雙手扶著桌緣，雙腳張開與肩同寬，
往後站立，使身體呈一斜直線。

Point

背部呈一直線。

2 手肘彎曲，上半
身往下壓，使背
部、臀部和雙腳
呈一直線。

03 椅子側弓箭下蹲

1分鐘

久坐會使關節緊繃，可透過下蹲伸展大腿內側肌肉，
放鬆髖關節，同時鍛鍊臀部線條。

1 站姿，移開椅子，
手扶辦公桌。

2 單腳抬高放在椅子上，勾腳尖，
下蹲，背部挺直。

也可以不扶桌面

肌力較好的人，也可以不扶桌面，
同步鍛鍊平衡感。

TYPE2 不胖，但很沒元氣的 沒精神族

　　這類人常覺得自己很累、沒精神，或是一起床就感覺肩膀、背部很緊，明明剛睡飽，卻總是睡眼惺忪、頭昏腦脹。因此，我建議在起床後練習這套動作，效果最好；不但能放鬆肩頸、背部，同時促進全身血液循環，讓你充滿元氣，迎接全新的一天。

1分鐘 動作時進行深呼吸，可讓血液回流至頭部，
提振精神，不再昏昏欲睡。

1 站姿，雙腳打開至與
肩同寬，肩膀放鬆，
雙手向上伸直。

2 慢慢將身體往前彎，再拱背慢慢
上提，深吸氣，將雙手往上延伸
到頭頂，吐氣合十回到中間。

拱背的目的

拱背時身體會自然的放慢速度，
再搭配呼吸，放鬆效果更好。

137

02 單腳側邊扭轉式

1分鐘

這個動作非常適合容易腰痠背痛的人，藉由扭轉可消除背部緊繃。
在早上做可幫助清醒，睡前做則能紓緩背部壓力，讓你更好睡。

1 平躺，右腳彎曲，肩膀放輕鬆，貼於地面。

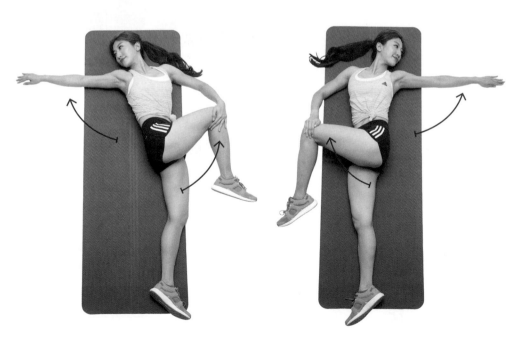

2 將右手往右斜上方延伸貼地，視線看向右手指尖，
此時脊椎是完全扭轉，停留10～12秒再回到中
間，換左邊重複進行。

03　手抓腳趾躺式

1分鐘　透過手腳交替互碰，除了伸展手臂及大腿肌肉，
同時還能訓練腹部，讓你躺著就能練肌力。

1　平躺於地，雙手向後伸直超過頭部。

2　抬起左手與右腳，用左手拉住右腳，
接著再換用右手拉左腳，延展肌肉。

Point　身體不晃動，保持核心的穩定。

TYPE3 缺乏線條的**泡芙族**

　　泡芙族因為缺乏運動習慣，導致脂肪堆積，尤其是腹部，看起來又泡又腫，就像泡芙一樣。想改善這類身材最快速的方法，就是勤練這一組運動，針對上半身的手臂線條、核心肌群以及下半身的腿部肌力，完整強化訓練。只要持續一段時間，從肉眼就能發現身材變結實，效果很好。

01 肱三頭肌運動

 1分鐘

若想練手臂的肱三頭肌，一定要借助外力才有效，
因此家中就可取得的水瓶，是很好的器材。

Point

手臂一定要夾緊，消除
蝴蝶袖非常有效。

背面

1 雙手握住水瓶，手肘彎曲
並夾緊平貼在耳朵旁。

想挑戰高難度，可將水瓶換成書

如果覺得水瓶重量不夠，可以改成拿一疊
書，以增加重量，加強訓練效果。

2 將手肘往後彎再向上，
重複動作。

141

側棒式手臂內收

1分鐘 側棒式能練到核心肌群與側腰線條，
尤其是有水桶腰的人，不妨多做，緊實腰線的效果非常好。

Point

背部打直不駝背

呈三角形

1 側身，右手肘撐地，手肘要在在肩膀正下方，
左手輕扶耳後，膝蓋併攏，腳尖對齊。

Point

注意保持腰、
臀不往下掉。

2 左腳抬高，左膝蓋內收碰手肘，再回到動作❶，換邊重複進行。

03 後腿抬膝穩定運動

1分鐘

除了移動腿部之外，身體其他部位都是穩定不動的；
進行時動作越慢越有效，還能練到下半身及核心肌群。

呈一直線

1 雙腳膝蓋微彎，右腳略抬起。
上半身微前傾，雙手放在腰部
的位置，以保持平衡。

2 雙手向前伸直，右腳往後踩一大步，先吸氣再吐氣，
接著右膝蓋往前收回，再換左腳重複進行。

TYPE4

四肢瘦但肚子很大的
大肚腩族

　　四肢瘦小，但肚子卻不小的人，主要原因除了不運動，大部分都是因久坐造成脂肪堆積所致，因此Annie針對腹部肥胖者，設計這套強效動作。這類型的人通常都是能坐就不站，能躺下就不坐，因此從躺姿開始進行練習，較不辛苦。只要循序漸進養成運動習慣，加強核心肌力，就能消除惱人的游泳圈。

01 上臥捲腹

1分鐘

雖然身體移動的幅度並不大，對於練腹部來說卻超有效。
適合因為肚子太大，膝蓋容易卡住，做不到捲腹的人。

1 躺姿，膝蓋立起，雙腳微開，雙手交握放在雙腳中間。

2 雙手向前伸直起身，使肩關節及背部離開地板，
帶動上身並捲起腹部，讓身體向前。

02 俄羅斯旋轉

1分鐘

藉由手握水瓶扭轉身體,除了可鍛鍊腹部,
還能訓練身體的穩定度,一舉兩得。

1 坐姿,雙腳彎曲離地,
手握水瓶置於胸前。

45°

2 維持背部挺直,雙手輪流移動到
身體的兩側,左右重複進行。

Point 扭轉時腿不移動。

藉由扭轉穩定身
體力量,有效鍛
鍊腹部及腰側。

Point

03 仰姿踢水

1分鐘 這個動作可增加肌腱靈活性，強化核心肌群，
有助於釋放體內多餘氣體，改善便祕。

1 平躺姿，背面貼於地面，身體放鬆，視線看向上方。

2 右腳向上抬起，接著再抬起左腳，放下右腳，
猶如打水般，反覆進行。

Point 手臂貼地，以維持
身體重心。

想在追劇時運動的
沙發族

如果你是下班回家就賴在沙發上，想邊追劇邊運動的人，Annie特別為愛看電視的你設計這套動作，眼睛不必離開電視機，可以同時做兩件你喜歡的事，是不是很棒！如果你願意，可以延長練習時間，不一定只有廣告時才做。在看電視時搭配運動，不但很紓壓，連身心都放鬆了。除此之外，這套動作對雕塑身材也非常有效，強力推薦。

1分鐘 如果能力許可，建議做2～3下後，試著將雙手離開地面，平放於胸前做捲腹動作（參考下方黃框），效果更好。

1 坐於墊上，雙腳彎曲抬起，雙手放在臀部後方。

90°

Point 指尖朝向前方。

2 吸氣，吐氣時雙腿伸直，同時身體往後，但不貼地，重複前後動作。

雙手抱胸，效果更好

肌力較好的人，建議可將雙手放於胸前，提升訓練強度。

02 側棒式單腳抬腿

1分鐘 這個動作能同時鍛鍊核心肌群、側腰線條及大腿內外側，想坐著就能瘦的人，務必勤加練習。

1 側躺姿，左手肘撐地，位於肩膀正下方，膝蓋併攏，腳尖對齊。

2 先將臀部抬起，接著左手向上高舉，左腳彎曲抬高；最後將左腳向上伸直，停留約10～12秒，再換腳動作。

03　後抬腿加跨腳

1分鐘

這個動作只要時常練習，一段時間後就會有顯著效果，
尤其當腳能越跨越大，即表示柔軟度變好，身體更有彈性。

1　呈四足跪姿，手肘打
直。接著，右腳向後
伸直，視線看前方。

Point

背部要下壓，不拱背，能練到大腿內外側及臀大肌。

2　右腳往前跨到右手臂外側，左腳膝蓋維持
貼地，右腳前後來回，重複進行。

跨腳時，位置很重要

如果腳無法跨到手臂旁也沒關係，盡力做到你可以的位置即可，
但一定要讓大腿內側有被延展的感覺，效果才會好。

TYPE6 沒時間運動的 大忙人族

很多人常說「我很忙，找不出時間運動」，其實只要有心，把握時間，隨時隨地都可以空出時間。因此，我專門為大忙人設計的這套動作，讓你在走路、搭車、等車、等電梯等空檔，隨時想到都能練習。實際上，Annie雖然每天的運動量很大，但我也會在等電梯、開會時，活用零碎時間做這套動作，幫助養成運動習慣，維持好身材。

想到
就能做

這是Annie超推薦的王牌動作，除了睡覺外，想到就能做，
但女生來做的效果特別好，尤其是產後婦女，一定要練。

2 夾緊臀部，臀大
肌用力，腹部也
跟著出力，像存
憋尿一樣即可。

1 站姿，雙手叉腰，
雙腳併攏。

等車時
必做

這個動作適合在等公車或捷運時做，
不妨利用等車的零碎時間，鍛鍊俏臀吧！

呈一直線

1 找一面牆，雙手
貼於牆上。

2 臀部收緊，右腳往後直踢，
後踢到感覺臀大肌有點痠的
高度即可，再換邊做。

走路時
就能做

以這個姿勢走路，能練到股四頭肌，如果剛好在空地上時，也可變成弓箭步的方式向前移動，加大活動範圍。

Point

腳要抬高到腰部
位置，可練到下
半身肌群。

1 腰背挺直，雙手置於腰側附近，將右腳向上抬高，使膝蓋碰到右手掌心。

2 接著再換左腳抬高，一樣用膝蓋碰掌心，左右腳交替進行。

155

TYPE7 體重過重，容易喘的
肉肉族

　　對於體重超重、動一下就氣喘噓噓的人來說，太難或強度太高的動作，都會造成身體負擔。因此，為了減輕身體負荷又能達到運動功效，靜態動作比較適合。這套動作難度不高，但能充分運用到四肢，活動平常少用的肌群，就算是較肥胖的人來做，也不會太困難。此外，每個動作都能練到心肺功能，對容易喘的肉肉族來說，是很好的鍛鍊，一起加油！

1分鐘

若柔軟度較差的人，可以先從動作❶的下彎開始練習，
待柔軟度提升後，再進行動作❷。

1 抬頭挺胸站好，接著上半身前彎，雙手撐地，
不拱背，膝蓋不鎖死。

2 雙手向前移動，來到平板式的姿
勢，停留1～2秒，接著利用雙手的
力量，慢慢往回移動，回到站姿，
重複動作。

1分鐘 這個動作看似困難，但其實很簡單，
就算是肚子很大的人都能做到。

1 躺姿，雙腳立起，雙手放於身
體兩側。

2 肩膀及頭部離地，讓左右手依
序碰同側腳踝，反覆進行。

03 步行弓箭步

 1分鐘 對於過重的人而言,這個動作看似簡單,
卻能幫助鍛鍊下半身,並增進心肺功能。

1 站姿,雙腳打開至
與肩同寬,腳尖、
膝蓋朝正前方。

Point

背部打直,
不駝背。

2 肚子收,臀部夾緊,左腳向前跨一
大步後下蹲,再站起,回到中間,
左右腳交替進行。

TYPE8 只想在睡前運動的
懶人族

　　很多人以為睡前不能運動，其實睡前若能活動身體，可達到不錯的助眠效果。這套動作難度稍高，但效果很好。只要利用枕頭與床，就能鍛練腿部、胸肌及核心。我經常告訴學生，想變瘦除了運動，不妨想像自己是歐美名模，穿著比基尼在沙灘漫步，激勵自己，目標就能達成。

01 躺姿夾抱枕

1分鐘

這個動作因為必須動到大腿，再加上夾抱枕，
大腿及臀部都會用力，能充分鍛鍊下半身。

1 躺姿，雙腳彎曲，用大腿
夾住抱枕，掌心貼地。

來回移動

2 將雙腳向上伸直後再放下，重複上下動作。
過程中雙腳要打直，勿彎曲。

161

1分鐘 動作時，身體保持平衡，
肩關節與掌關節、膝蓋與髖關節是垂直的位置。

1 先呈跪姿，左腳往後伸直，
右手向前伸。

膝蓋要彎曲呈90度。 ▶ **Point**

2 右手肘與左膝蓋同時收
回並互碰，接著回到動
作❶，再換邊做。

03 手握對向單腳

1分鐘

這個動作非常適合長期駝背的人做，能緩解腰痠背痛，
也適合睡前在床上做，放鬆筋骨。

1 趴於地面，雙手向前貼地，頭不抬高。

2 左腳彎曲抬高，右手往後抓住腳尖，感受
到全身正在延展、拉筋，再換邊做。

腳抬越高，越能放鬆

如果可以，建議盡量將腳抬
高，可充分延展大腿肌肉，
放鬆筋骨。

163

TYPE9 很常腰痠背痛的 駝背族

生活全面3C化後，許多低頭族都面臨腰痠背痛的問題，成為現代人共有的文明病。長期姿勢不良造成的肩頸僵硬、駝背、背部緊張等，通常是因為身體柔軟度不足、睡眠品質不佳所引起。因此，Annie設計的這組動作能深層伸展與放鬆肌肉，拉筋效果顯著。只要感覺肩頸有壓力、背部想放鬆時就可做，特別推薦在洗完澡時做，此時血液循環好，能徹底放鬆肩背的緊繃。

01 駝式

這個動作非常適合長期駝背的人練習，
能增加身體柔軟度，緩解腰痠背痛。

1 跪姿，雙手平放
於身體兩側，挺
胸不駝背。

2 胸口往上推，收小腹，肚臍往前推，
雙手慢慢往後扶住腳踝。

Point 胸口盡量上推，
能放鬆背部。

02 牛面式

1分鐘 雙手在背面互扣，能充分伸展手臂、背部，
在壓力大時做，可放鬆僵硬的身體。

1 坐姿，雙腳交叉相疊，左、右腳內收
靠近臀部，身體重心放在正中間，大
腿內外側有被伸展的感覺。

2 雙手反向在背後互扣，
挺胸，讓背部有被伸展
的感覺，再換邊做。

背面

雙手請盡可能伸展

如果雙手無法互扣也沒關係，盡量
將雙手向後伸，讓肩關節有被伸展
的感覺就好。

1分鐘 動作時請配合呼吸,跪姿時吸氣,貼地時吐氣,讓肌肉更放鬆,效果更好。

1 呈四足跪姿,不拱背,
雙手打直不彎曲。

2 身體向前放,雙手往前貼地,再將下巴貼於地面,
直到胸口也貼於面,臀部翹高,位於膝蓋上方。

Point 臀部不可過度前移,
以免無法伸展背部。

想提升運動表現的
健身族

　　這套動作是設計給有運動習慣，在體能狀態與肌耐力的表現上，已經有一定基礎的人。因此，動作的難度較高，強度也較高，才能達到強化肌力、提升運動表現的目的。若覺得其他動作太簡單，想加強肌耐力，也可以多做這套動作。

01 弓箭步跳躍

1分鐘

加上跳躍的弓箭步，可訓練身體的穩定度，
並提升腿部肌力，同時訓練臀部及核心肌群。

1 站姿，雙手
插腰，腰背
挺直。

Point
身體不過度前
傾，避免造成
膝蓋的壓力。

2 右腳向前跨出一
小步，同時向上
跳起。

Point
注意前後腳膝蓋
和腳踝，盡量維
持一直線。

3 跳起後在空中換
腳，以弓箭步的
姿勢落地，交互
跳躍。

1分鐘

這個動作較複雜，結合了伏地挺身、深蹲和跳躍，對一般人來說較吃力，因為要用到全身的肌群，但相對地消耗熱量的效果也很明顯。

1 站姿，雙手與肩同寬。

2 向下蹲，雙手撐地。

170

3 雙腳向後蹬，呈伏地挺身的預備姿勢，做一下伏地挺身。

4 接著雙腳往前跳，回到動作❷的姿勢。

5 雙手伸直，向上用力跳起，再回到站姿。

03　單腳內側延展

1分鐘 由於會鍛鍊到全身的肌肉，因此難度較高，
建議量力而為就好，避免肌肉拉傷。

1 找一面牆，身體背牆，
雙手撐地。

2 雙腳上牆，接著，右腳直下碰對向地板，
再回到牆上，換腳並重複動作。

如果不斷告訴自己，我可以變得更強、更快、更好，那麼最後你一定會變成你所想的。

最想知道的問題，
Annie老師來解答！

運動後，最多人問的問題大公開！

Q1：徒手肌力訓練與重量訓練，有何不同？

A：前者不需使用器材，後者則必須使用器材，以增加負重。

「重量訓練」是使用負重的槓鈴、啞鈴或是各種輔助器械，來達到訓練身體肌肉的一種阻力訓練方式。簡單來說就是讓肌肉負重的運動。沒有利用任何工具或器材進行的身體鍛鍊方式，則稱為「徒手肌力訓練」，利用自己身體的重量做為阻力，以對抗地心引力，達到訓練目的。

Q2：運動過程中，能喝水嗎？

A：除了非常靜態的瑜伽外，做其他運動時皆可喝水。

除非是講究身心靈達到平衡、非常靜態的瑜伽（如陰瑜伽），做其他運動時都要補充水分，讓身體代謝達到平衡。尤其是從事激烈的有氧運動，大量出汗時若沒有適當補充水分，身體的電解質會過度流失，導致肌肉過度疲之。以我的空中瑜伽課來說，一般我還會融入有氧和肌力訓練，通常上課5分鐘就會大飆汗，一堂課至少要補充兩次水分。因此，在運動中適時補充水分，是很重要的。

Q3：運動時補充水分，可用冰水或運動飲料代替嗎？

A：建議還是補充一般的白開水最好。

不論做哪一種運動，都應該避免喝冰水。根據生理解剖學的觀點，運動會使身體熱起來，此時若灌入冰水，不僅會刺激胃部，當冰水通過身體時，肌肉也會遇冷而收縮，無法讓身體吸收水分，對健康有害無益。至於運動飲料，建議要在大量流汗時喝，平常或是非大量排汗時，補充白開水就足夠，避免吸收太多電解質與鈉，造成身體負擔。

Q4：運動前後，怎麼吃最健康？

A：運動前少量進食；運動後多補充蛋白質，幫助肌肉生長。

運動前1小時，可以吃少許點心，例如兩片吐司、牛奶或豆漿，以清淡為主，也不宜吃太飽，避免在運動時，讓身體透過消耗能量代謝食物，使運動效果大打折扣。若運動後已超過晚間8點半，建議不要吃分量太大的晚餐，避免造成腸胃負擔，或因夜晚的代謝較慢，造成肥胖。

平時飲食習慣以健康為主，均衡最重要，鍛鍊肌肉需要蛋白質，完全不攝取脂肪很容易使皮膚變乾、易皺。我的運動量很大，所以幾乎什麼都吃，有時候中午要吃兩個便當，偶爾也吃麥當勞、炸雞排。但切記，吃下的食物都必須透過運動來代謝，如果你不像Annie有這麼大的運動量，建議每餐8分飽，戒含糖飲料及高熱量食物，多吃蔬菜水果，讓身體充分代謝，煥然一新。

Q5：運動後，可以馬上洗熱水澡嗎？

A：先休息10～15分後再洗，效果較好。

運動後心跳速率仍很高，此時若馬上沖熱水，會讓心臟負荷太重，因此建議先休息，讓心跳及呼吸回到正常狀態再洗澡，對身體較好。

Q6：運動後，如何保養肌膚？

A：做好清潔及保溼，並按摩肌膚，維持緊實彈性。

建議運動後的保養，以清潔和保溼為主，先洗澡再洗臉，透過熱水讓臉上的毛細孔打開，徹底清潔髒汙，避免卡在毛孔深處造成黑頭粉刺。之後可以敷保溼面膜，並塗抹身體乳，我會特別以「上推」的方式按摩胸部及臀部，因為胸部及臀部很容易受地心引力影響往下墜，適時按摩可保持渾圓緊俏。

Q7：什麼是芭蕾健身Ballet Fit？

A：Ballet Fit是利用芭蕾舞動作與健身動作做結合，屬於能提升心肺、肌力和柔軟度的整體性運動。

由於融合許多肌力訓練及伸展動作，能喚醒身體深層的核心肌群，強化核心力量，充分鍛鍊手臂及腿部線條，並有效調整體態。動作優美，吸引許多名模爭相學習，是目前歐洲最風行的健身法。

Q8：空中瑜伽是什麼？任何人都能做嗎？

A：利用空中吊床為輔助的瑜伽運動，適合每個人。

空中瑜伽有別於一般瑜伽，是利用空中吊床做輔助，借助地心引力讓身體達到深層的伸展和精神放鬆。當倒掛時脊椎得以完全伸展，有助改善腰痠背痛及脊椎側彎、駝背等問題，還能減輕水腫。又因在空中執行動作，身體與地面毫無支撐點，不穩定性會加強訓練核心肌群及全身肌力與肌肉協調性。因此不論是柔軟度差、老人或受傷過的人，都很適合做，重點是一定要找對專業教練，才能給予適合的訓練方式，改善身體狀況。

Q9：運動後肌肉痠痛，該怎麼辦？

A：記得做收操，或利用滾筒，緩解肌肉的緊繃感。

運動後肌肉痠痛的原因很多，包括乳酸堆積、過量運動、肌筋膜沾黏等，除了一定要做收操，幫助肌肉放鬆外，建議也可透過輔助工具，像是滾筒，來緩解痠痛。只要利用自身重量，前後滾動滾筒，擠壓肌筋膜，延長過度使用的肌肉，就可放鬆緊繃的筋膜，緩解疲勞感及加速恢復。睡前亦可透過滾筒放鬆肌肉，幫助入睡。

Mr.Roller 中空泡棉滾筒

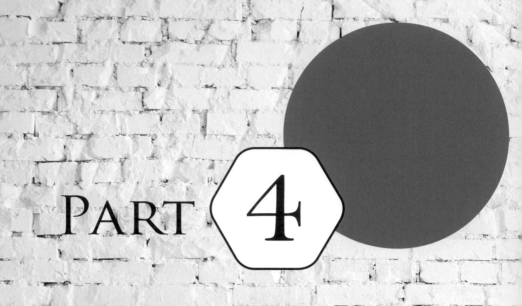

PART 4

跟著Annie這樣動，
變瘦・變美・變快樂！
【學員見證篇】

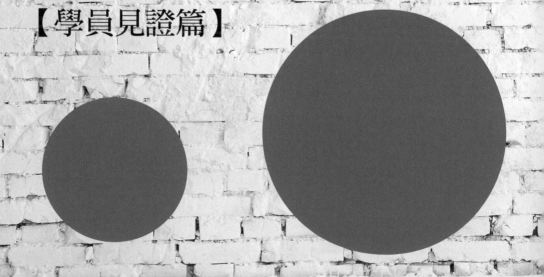

I SHAPE
MY OWN
BODY

CASE 1

不只增肌減脂，
還讓我跑得更快、更遠！

Chris / **28**歲・工程師

　　我是因為女友想上Annie老師的課，我才跟著一起報名。一直以來，我並沒有固定的運動習慣，更別說踏進健身房，雖然喜歡跑步，但也只是興趣，對所謂的「健身」並不熟悉。飲食上也是，我是個不太忌口的人，直到因為要上課，才覺得或許可以藉由鍛鍊身體，降低體脂，增加肌力。

　　Annie老師了解我的狀況後，針對我較弱的下半身肌群進行訓練，我還記得當時老師只是叫我重複深蹲，我就滿頭大汗，臉色發白，整個人大爆汗。之後每堂課都會針對我的需求，給予不同的訓練法，甚至我也上過空中瑜伽。以我來說，因為站姿較差，背部很緊繃，做空瑜的拉背動作就會特別明顯，透過不同的訓練，讓我可以明白身體的優缺點，進而改善。

　　現在的我，體重從78公斤降到74公斤，雖然不多，但因為體脂變低，肌肉量增加，看起來比實際體重還瘦，真的讓我非常開心。除此之外，**我的核心力量也因鍛鍊變強，跑步時更輕鬆，上半身不容易痠，表現得更好。**

　　Annie老師為人親切，非常懂得針對學生的弱點，因材施教，如果你是運動新手，不知該如何開始，誠心建議你來找老師，一定能找到最適合自己的運動方式，加油！

看得出來我只瘦**4**公斤嗎？這都得感謝**Annie**老師！

180

鍛鍊讓我瘦8公斤、體脂少5%，
變得更正向！

Ariel／**28**歲·設計工程師

　　我是長期久坐的上班族，看到朋友在2、3個月內，體態與氣色上出現很大變化，整個人變得神清氣爽，在她的鼓勵與推薦下，我和男友才決定一起去上Annie老師的課。

　　在上課之前，我一直不太清楚要做什麼運動才能瘦，所以大部分是靠控制飲食減重，體重始終起起伏伏，效果也不好。後來是Annie老師教我正確的運動方法，我才知道，不同的動作可以訓練到不同肌群，也能讓平日的體能表現更好。**截至目前為止，我已瘦了8公斤，體脂更少了5%。**

　　可惜我只上了Annie老師2個月的課，她就去韓國了。但是她讓我打下運動基礎，也讓我愛上運動，且能持續自主鍛鍊。目前我一星期會自主運動3天，包括跑步、在家做徒手運動、重訓等，有時也會和朋友相約去爬山，雖然很累，但對照自己以前的體能狀況，心裡就會產生「原來我也做得到」的快感。

　　Annie老師是一位專業親切、善解人意，懂得學生身體與心理的好教練，她的教法非常具有感染力，也因為她的鼓勵，我才能維持運動習慣，**體態的改變當然很好，但心境的改變更無價。**運動讓我可以傾聽自己的身體，了解自己的需求，讓內心更加的強大，因為運動就是不斷挑戰自己，在失敗挫折中超越自己。

受**Annie**影響，我除了變瘦也愛上運動。

CASE 3

混搭運動效果超好，
更讓我瘦了17公斤

Wendy ╱ **29**歲‧工程師

　　我很愛登山，卻因為姿勢不正確，導致膝蓋受傷，造成髕骨肌腱炎。為了了解如何正確使用肌肉，免於受傷，我報名了Annie老師的一對一教練課，希望能鍛鍊肌力，學習正確觀念，搶救我的膝蓋。

　　上課後，Annie老師先教我認識肌群，了解受傷的原因，並告訴我如何使用肌力，才能支撐身體重量，而不是用脆弱的膝蓋去承受所有壓力。她的教法很多元，包括徒手肌力訓練、TRX、重量訓練等，再加上空中瑜伽，**「混搭訓練」**讓我能充分鍛鍊每一塊肌肉，非常實用。之後我持續飲食控制，減少外食，**體重從71公斤變成54公斤，體脂更從43%降到25%**，終於回到「正常人」的體態。

　　Annie老師的訓練法很適合想運動，卻不知該如何開始、用何種方式運動的人。老師很了解她的學生，採用對症下藥的訓練方式，讓鍛鍊事半功倍，效果顯而易見。如果你找不到適合的運動方式，或不知道該如何開始，建議你來上Annie老師的課，感受混搭訓練的功效，並在鍛鍊肌力中，讓內心變得更強大。

Before　After

雖然每次上課都大爆汗，但超有效，讓我跟肥肉說再見。

運動治好我的憂鬱，
連椎間盤突出都改善了！

Iris／**43歲**・系統顧問師

　　跟著Annie老師運動，最大的收穫是精神與心情上的改變。雖然我只持續上不到半年，體重、體脂都沒什麼差別，**但我從原本一天一顆抗憂鬱藥，一個月不到就已減量為2～3天吃一顆，新陳代謝變好、血壓也正常了。**我從氣色極差、病懨懨的大嬸，逐漸走出來，開始會笑了。

　　在運動之前，我有8年時間深受自律神經失調之苦，去年初狀況變很糟，我會因為工作上的一點小事情就陷入抓狂邊緣、對所有事失去興趣，感覺索然無味。我容易因為電話或工作上的突發狀況而情緒失控，甚至痛哭失聲。我驚覺我不但照顧不了自己，也無力照顧家人，最後決定離職調養身心。

　　也就是在此時，我開始運動，特別是我因為椎間盤突出，每隔一陣子就因姿勢不良而需要拉腰復健，自從開始上**Annie**老師的空中瑜伽後，不但不再需要復健，也因為深度伸展，改善痠痛，進而使心靈平靜，找到平和的感覺。甚至在某次上完Annie老師的教練課後，在健身房附近吃甜不辣，結果老闆竟然叫我「妹妹」，我覺得超神奇。因為運動與休息，我氣色變好，感謝Annie老師讓我找回自信與生活的樂趣。

曾經很憂鬱的我，現在能自信鍛鍊，甚至舉起壺鈴。

CASE 5

混搭訓練超紓壓，
增肌減脂一次完成！

Carol ／ 36歲・醫療業

出社會後我完全沒有運動的習慣，雖然知道運動對身體很重要，也加入健身房、找過教練上課，可是不知為什麼，就是無法吸引我持續下去。再加上我身高166，體重50，不需為了「減重」而運動，就更不在意了。直到開始上了Annie老師的課，才開始有一些基本的運動觀念。

開始上老師的一對一教練課後，**混搭瑜伽、TRX及重量訓練的訓練方式，讓我體驗透過運動紓壓的感覺，及挑戰身體極限的成就感**，Annie老師的專業與引導學生的方式，讓我很佩服。更神奇的是，我從原本很瘦，體脂卻高達29%的泡芙族，變成體脂22%的緊實族。我的體重甚至多2公斤，但外表卻更瘦，因為長出肌肉了！

我最大的差別還有「體態」，我原本坐姿及站姿都是錯的，包括骨盆前傾、凸小腹、聳肩等，都在老師的提醒及訓練肌力後，得到大幅改善。連之前因擔任護士傷到的脊椎，也在鍛鍊核心後有了支撐力，改善許多，不再容易腰痠背痛。

Annie老師總能讓人在不知不覺中受到她的影響，**體會「運動是件美好的事」**，絕非只有辛苦、疲累。因為運動的重點不在於「難易度」，而是能否堅持，及感受身體及心靈的成長。因為老師的鼓勵，我能從「心」了解運動本質，讓我更有動力、更專注去做我想做的事，且有信心一定做得到。

以前我對運動一竅不通，從來沒想過能挑戰空中瑜伽，感謝我的肌肉們！

透過瑜伽增加正能量，
讓我內心更強大

愉婷 / **36**歲・瑜伽老師

　　我很慶幸上過Annie老師的課，還有緣成了朋友，雖然只短暫相處，我就搬到台中教課，但是和老師相處時感受到她的親和力，與陽光般的活力，老師也教我調整心態，了解「正能量」的重要。受到影響，我也努力學習Annie老師改變我的方式，同樣去影響我的學生。

　　我以前無法理解，**「透過運動深層了解自己的身體，更能從內在提升能量」**的說法；直到有一次，我一進教室就因情緒問題，無法進入課程，當時老師馬上就決定停止上課，我們將時間用在溝通與分享上，我將情緒發洩出來，大哭一場。

　　老師也跟我分享她以前不快樂的過去，及如何靠運動改變內在。說真的，當時我其實不太能理解，但是現在Annie老師的柔和、讓人感覺舒服的轉折，卻是活生生的例子。因此我想和她一樣，成為穩定、充滿正能量的人。

　　現在我已經當了一年的瑜伽老師，朝自己的目標前進。因為Annie老師，**我明白運動的重點不只是雕塑完美曲線、或是減重多少公斤，而是透過一次次的訓練，鍛鍊出強大的內心！**

因為**Annie**，讓我更能體會瑜伽的身心平衡。

「肌肉」讓我多2公斤，
看起來卻更瘦！

潇芬 ／ **31**歲‧瑜伽老師

　　我身高167公分，52公斤，雖然不胖，但有點肉肉的。一開始我是上Annie老師的空中瑜伽，她幫我調整身體的錯位，原本傾斜的骨盆，因為練空瑜倒掛時，自然調整脊椎位置，很快就看到效果，真的好神奇。後來我又開始上重訓課，短短兩個月就長出肌肉，練出翹臀，身材開始呈現S形。**4個月後，我的體重不減反增，多了2公斤，但因為變結實，手臂、腹肌的線條都很明顯，看起來比之前更瘦。**

　　雖然我以前從來不運動，但我想轉行當瑜伽老師，於是我從瑜伽課開始，接著上師資培訓課程。由於是運動新手，還是會擔心自己經驗不足，當時我過於執著，想將瑜伽的體位法趕快練好，因此把自己逼得很緊，結果過度練習，造成骨頭移位。之後上空中瑜伽時，因為心不定及呼吸不穩定，我的繩子抖得很厲害，Annie老師馬上就發現我的狀況，她一問我發生什麼事？我馬上情緒潰堤，哭了出來。

　　老師以她的經驗告訴我，**如果將喜歡做的事變成了功課，不能享受其中的過程，原本樂在其中的感覺就會變成壓力，再變成抗拒力，練習就變成痛苦的事，原本的初衷就不見了。**於是我重新調整心態，並持續練習瑜伽，鍛鍊內心的力量幫助我跨越內心的障礙。今年5月，我正式開班授課，我很感謝Annie老師，她是我的良師益友，讓我放心將自己交給她。

沒想到我也能練出緊實線條，成就感超高！

運動，告別過敏，
享受與身體對話的快樂！

汎容 / **35**歲・瑜伽老師

　　畢業後即進入空服員生涯，8年來長時間不固定的作息，導致身體出狀況，甚至休假也要費心思求醫治療蕁蔴疹，這使得我在生活上有諸多困擾。離開空服工作後，我下定決心要把身體照顧好，並成為一名瑜伽老師，即便已取得瑜伽師資認證，但學習本是一條漫長的道路，經朋友介紹，認識 Annie 老師，並參與她的一對一空中瑜伽指導。

　　Annie 老師本身是一位非常資深的教練以外，她精益求精的態度使她擁有豐富的健身與生活閱歷，透過Annie老師的授課，我發現我能更細膩地了解自己的身體，因為她的專業與豐富的教學經歷，**她將核心＋重訓健身與空中瑜伽做了很好的融合；對於學員的身體需求擁有很高的敏銳度**，看了我的練習之後，她即可知道我身體哪裡需要做不同的鍛鍊調整，她將自己對人體骨骼肌肉結構的專業，運用在教學，提升我的整體練習品質。我一直深信，一位好的老師，是除了授課以外，還可以針對每位學生的不同問題，協助他們改善，引領他們往更好的發展。

　　無庸置疑，Annie 是一位親切、專業且懂得學生需求的好老師，她很樂意與我分享她的成長歷程，我看到她對家庭與小孩的付出、對工作與生活的熱情，她溫柔卻又強壯的一面，更是令人欣賞並值得學習之處。

因為運動，我不再是常常生病的紙片人，除了瑜伽，也喜歡自行車、浮潛、潛水等，變得更陽光。

HealthTree
健康樹　　健康樹系列070

練肌力就是練心，線條證明我可以

當我徒手撐起身體，我的人生我做主！
28招肌力訓練×30招3分鐘速效運動，打造微肌曲線，變強・變美・變快樂
【附28組姿勢矯正QR Code×肌力挑戰DVD】

作　　　者	Annie
總 編 輯	何玉美
副總編輯	陳永芬
責任編輯	周書宇
文字協力	尚孝芬
美術設計	比比司工作室
攝　　　影	果得影像 阿酷（照片）・源日攝影工作室（影片）
妝髮設計	新秘Kylie Tsai Studio／整體造型（https://www.facebook.com/kylie.studio/）

出版發行	采實文化事業股份有限公司
行銷企劃	陳佩宜・黃于庭・馮羿勳・蔡雨庭・曾睦桓
業務發行	張世明・林踏欣・林坤蓉・王貞玉・張惠屏
印務採購	曾玉霞
會計行政	王雅蕙・李韶婉・簡佩鈺
法律顧問	第一國際法律事務所 余淑杏律師
電子信箱	acme@acmebook.com.tw
采實官網	www.acmebook.com.tw
采實臉書	www.facebook.com/acmebook01

Ｉ Ｓ Ｂ Ｎ	978-986-93181-4-3
定　　　價	399元
初版一刷	2016年8月
初版七刷	2020年9月
劃撥帳號	50148859
劃撥戶名	采實文化事業股份有限公司
	104台北市中山區南京東路二段95號9樓
	電話：02-2511-9798
	傳真：02-2571-3298

國家圖書館出版品預行編目(CIP)資料

練肌力就是練心，線條證明我可以/ Annie作. -- 初版. --
臺北市：采實文化，民105.08
　面；　公分. --（健康樹系列；70）
ISBN 978-986-93181-4-3（平裝附數位影音光碟）

1.運動訓練 2.體能訓練 3.女性

528.923　　　105009327

有鑑於個人健康情形不同，患有疾病
者若欲從事書中運動，請先諮詢專業
醫生，避免造成身體不適。

特別感謝：  實踐大學

采實出版集團
ACME PUBLISHING GROUP

廣　告　回　信
台　北　郵　局　登　記　證
台 北 廣 字 第 0 3 7 2 0 號
免　貼　郵　票

采實文化　采實文化事業有限公司
ACME　PUBLISHING

104台北市中山區南京東路二段95號9樓

采實文化讀者服務部　收

讀者服務專線：（02）2511-9798

讀者資料（本資料只供出版社內部建檔及寄送必要書訊使用）

① 姓名：

② 性別：□男　□女

③ 出生年月日：民國　　　年　　　月　　　日（年齡：　　　歲）

④ 教育程度：□大學以上　□大學　□專科　□高中（職）　□國中　□國小以下（含國小）

⑤ 聯絡地址：

⑥ 聯絡電話：

⑦ 電子郵件信箱：

⑧ 是否願意收到出版物相關資料：□願意　□不願意

購書資訊

① 您在哪裡購買本書？□金石堂（含金石堂網路書店）　□誠品　□何嘉仁　□博客來
□墊腳石　□其他：　　　　　　　　　　　　（請寫書店名稱）

② 購買本書日期是？　　　年　　　月　　　日

③ 您從哪裡得到這本書的相關訊息？□報紙廣告　□雜誌　□電視　□廣播　□親朋好友告知
□逛書店看到　□別人送的　□網路上看到

④ 什麼原因讓你購買本書？□喜歡運動　□被書名吸引才買的　□封面吸引人
□內容好，想買回去參考　□其他：＿＿＿＿＿＿＿＿＿＿＿＿＿＿＿＿（請寫原因）

⑤ 看過書以後，您覺得本書的內容：□很好　□普通　□差強人意　□應再加強　□不夠充實
□很差　□令人失望

⑥ 對這本書的整體包裝設計，您覺得：□都很好　□封面吸引人，但內頁編排有待加強
□封面不夠吸引人，內頁編排很棒　□封面和內頁編排都有待加強　□封面和內頁編排都很差

寫下您對本書及出版社的建議

① 您最喜歡本書的特點：□圖片精美　□實用簡單　□包裝設計　□內容充實

② 關於健身、美容或旅遊的訊息，您還想知道的有哪些？
＿＿＿＿＿＿＿＿＿＿＿＿＿＿＿＿＿＿＿＿＿＿＿＿＿＿＿＿＿＿＿＿＿＿＿＿＿＿

③ 您對書中所傳達的訊息及步驟示範，有沒有不清楚的地方？
＿＿＿＿＿＿＿＿＿＿＿＿＿＿＿＿＿＿＿＿＿＿＿＿＿＿＿＿＿＿＿＿＿＿＿＿＿＿

④ 未來，您還希望我們出版哪一方面的書籍？
＿＿＿＿＿＿＿＿＿＿＿＿＿＿＿＿＿＿＿＿＿＿＿＿＿＿＿＿＿＿＿＿＿＿＿＿＿＿

南市衛粧廣字第1050300003號

美顏故事

香氛 *Spa*

滋潤 / 亮白 / 緊緻 面膜

(7入/盒)

密集保養　素顏美人速成術

專利成分添加・打造您的淨嫩肌

機 能 隱 形 面 膜

有效滲入　超釋水力　透氣服貼

法國專利成分-水解三色堇

法國專利成分-β-White亮白胜肽

法國專利成分-SYN-COLL三胜肽

星期一、二 / 深層補水

為一整個肌膚的保養打底，提升保養效果。

星期三、四 / 透、亮、白

揮別累積暗沉肌，就是要自信亮白。

星期五、六 / 明亮緊緻

周末約會前，增加Q彈肌，拉提撫平細紋，約會去～

實際價格依各通路公告價格為準

販售通路：
全聯福利中心

齊聲按 賺好康！
facebook 美顏故事粉絲團

◀也可用手機上網加入喔!!

統欣生物科技(股)公司
Uni-TongXin Biotech Co.,Ltd.

消費者服務專線：0800-678600
網址：www.unibiotech.com.tw